舒克和贝塔历险记

郑渊洁/著

二十一世纪出版社
21st Century Publishing House

目录
MULU

第 1 集

shū kè shēng zài yí gè míng shēng bù hǎo de jiā tíng li
舒克生在一个名声不好的家庭里；
shū kè jià shǐ zhí shēng fēi jī lí kāi le jiā
舒克驾驶直升飞机离开了家；
shū kè chī le yǒu shēng yǐ lái zuì xiāng de yí dùn fàn
舒克吃了有生以来最香的一顿饭

shū kè nǐ dōu dà le kě yǐ zì jǐ chū qù zhǎo dōng
"舒克，你都大了，可以自己出去找东
xi chī le yì tiān mā ma duì xiǎo lǎo shǔ shū kè shuō
西吃了。"一天，妈妈对小老鼠舒克说。

zhēn de ma shū kè gāo xìng le shū kè shì yì zhī
"真的吗？"舒克高兴了。舒克是一只
shēng huó zài zhōng guó de xiǎo lǎo shǔ cóng tā shēng xià lái yǐ hòu
生活在中国的小老鼠，从他生下来以后
jiù yì zhí biē zài dòng li cóng lái méi yǒu chū qù wán guò
就一直憋在洞里，从来没有出去玩过。

jīn tiān wǎn shang wǒ dài nǐ chū qù xiān rèn ren lù
"今天晚上，我带你出去，先认认路，
yǐ hòu nǐ jiù kě yǐ zì jǐ qù le mā ma yì biān shuō yì
以后你就可以自己去了。"妈妈一边说，一

1

biān mó yá
边磨牙。

　　shū kè yě xué zhe mā ma de yàng zi　　mó mo yá　　tā
　　舒克也学着妈妈的样子，磨磨牙。他
hěn chán　ài chī hǎo dōng xi　　měi cì mā ma gěi tā dài huí lái
很馋，爱吃好东西。每次妈妈给他带回来
hǎo chī de　　tā dōu chī gè méi gòu
好吃的，他都吃个没够。

　　yè li　shū kè gēn zài mā ma shēn hòu chū le dòng
　　夜里，舒克跟在妈妈身后出了洞。

　　hǎo dà de wū zi ya　　shū kè jīng jiào dào
　　"好大的屋子呀！"舒克惊叫道。

　　xiǎo shēng diǎn er　　mā ma gào jiè shū kè　　jiē zhe
　　"小声点儿！"妈妈告诫舒克。接着，
mā ma gào su shū kè　　nà shì yī guì　　nà shì xiě zì tái　　nà
妈妈告诉舒克，那是衣柜，那是写字台，那
shì chuáng　　shū kè bǎ yǎn jing dōu kàn huā le　　tā jué de zhè ge
是床。舒克把眼睛都看花了，他觉得这个
shì jiè hěn yǒu yì si
世界很有意思。

　　zhè ge guì zi duì zán men zuì yǒu yòng　　lǐ miàn quán shì
　　"这个柜子对咱们最有用，里面全是
hǎo chī de　　jiào bīng xiāng　　mā ma bǎ shū kè dài dào yí gè bú
好吃的，叫冰箱。"妈妈把舒克带到一个不
dà de guì zi gēn qián　　kě tā de mén zǒng shì guān zhe　　děi
大的柜子跟前。"可它的门总是关着，得
zhǎo jī huì　　xiàn zài　　zán men dào xiě zì tái shàng mian qù　　nà
找机会。现在，咱们到写字台上面去，那

里有一盘花生米。"

一听有花生米,舒克的口水都快流出来了,他跟着妈妈爬上了写字台,果然,桌子上有一盘香喷喷的花生米。

舒克和妈妈大吃起来,真香啊!

"小偷!这么小就学偷东西!"黑暗里传来一个声音,吓了舒克一跳。

"偷吃人家的东西,真不要脸!"又是一声。

舒克借着月光一看,窗台上有一个鸟笼子,笼子里有两只鹦鹉,一蓝一绿,刚才的话,就是他俩说的。

听人家管他叫"小偷",舒克脸红了。他看看妈妈,妈妈就像没听见一样,继续

chī zhe
吃着。

"你吃饱了？"妈妈看见舒克不吃了，
问。

"妈妈，咱们这叫偷吗？"舒克小声
问。

"傻孩子，什么偷不偷的，咱们老鼠世
世代代就是这样活下来的。别理他们，贩
卖正直的人最不正直。快吃吧。"

舒克又吃了两颗花生米，他觉得，今
天的花生米不如以往的香。

第二天夜里，舒克自己出来找吃的
了。他又来到写字台上，可那盘花生米不
见了。舒克正准备下去，蓝鹦鹉喊起来：

"小偷又来了！"

"真是的，有什么样儿的妈妈就有什么样儿的儿子。"绿鹦鹉也跟着说。

"胡说！我妈妈说，我们不是小偷！"舒克要争这口气，他大声对鹦鹉们说。

"这些吃的东西是你劳动得来的么？"蓝鹦鹉问舒克。

"这……"舒克说不出话来了。

"不是你劳动换来的，就是偷！"绿鹦鹉耸耸鼻子。

"哼，你妈妈不但偷，还净搞破坏，衣柜里的衣服就是被她咬坏的！"不知是谁说。

舒克愣住了。

"你出去打听打听，谁不知道你们老

鼠是坏蛋！你敢大白天出去吗？人家都说，老鼠过街，人人喊打！"蓝鹦鹉说。

舒克真没想到自己家的名声这么坏，他委屈极了，自己干吗生下来就是只老鼠呢！舒克哭了。

舒克不愿意当小偷，他决定离开家，到外面去闯闯，通过劳动来换取食物。

舒克看中了床头柜上那架米黄色的电动直升飞机，它有一副红色的塑料螺旋桨，漂亮极了。舒克看见直升飞机在屋里飞过，很气派。

这天清晨，窗户大开着，直升飞机静静地停在床头柜上。舒克悄悄地钻进了飞机，这架直升飞机的机舱挺大，除了驾驶员坐的地方以外，后面还有两排皮椅子。

　　舒克想起了"老鼠过街人人喊打"的话，他决定化装一下，让人家看不出他是老鼠。

　　舒克忍着疼，把胡子都拔下来。他穿上飞行服，尾巴缠在腰里。舒克看见床头柜上有一筒牙膏，他跑过去打开盖，挤出许多来，涂在脸上。

　　一切都准备好了，舒克坐进驾驶舱，戴上飞行帽。

　　"现在我已经不是老鼠了，是飞行员舒克。"舒克兴奋地想。他打开了启动器，

hóng sè de luó xuán jiǎng zhuàn le qǐ lái   tā yuè zhuàn yuè kuài
红色的螺旋桨转了起来，它越转越快，

bù yí huì er   zhí shēng fēi jī jiù lí kāi le chuáng tóu guì
不一会儿，直升飞机就离开了床头柜。

shū kè jià shǐ zhe zhí shēng fēi jī zài wū li pán xuán le
舒克驾驶着直升飞机在屋里盘旋了

yì quān   tā hái gù yì cā zhe niǎo lóng fēi guò qù   dāng tā kàn
一圈，他还故意擦着鸟笼飞过去，当他看

jiàn yīng wǔ men rèn bù chū tā shí   dé yì jí le
见鹦鹉们认不出他时，得意极了。

xiǎo lǎo shǔ shū kè   bù   fēi xíng yuán shū kè jià shǐ zhe zhí
小老鼠舒克，不，飞行员舒克驾驶着直

shēng fēi jī   cóng kāi zhe de chuāng hu fēi chū le wū zi
升飞机，从开着的窗户飞出了屋子……

wài mian shì bì lǜ de tián yě   qǐ fú de qiū líng hái
外面是碧绿的田野，起伏的丘陵，还

yǒu kuān kuò de hé liú hé měi lì de huā cóng   shū kè jià shǐ
有宽阔的河流和美丽的花丛……舒克驾驶

zhe zhí shēng fēi jī jìn qíng de zài tiān shàng fēi   tā gāo xìng jí
着直升飞机尽情地在天上飞，他高兴极

le
了。

shū kè jué de dù zi yǒu diǎn è   tā jué dìng qù zhǎo diǎn
舒克觉得肚子有点饿，他决定去找点

er chī de   shū kè cāo zòng zhe zhí shēng fēi jī xià jiàng gāo dù
儿吃的。舒克操纵着直升飞机下降高度，

tā bǎ tóu tàn chū fēi jī   zhù yì zhe dì miàn
他把头探出飞机，注意着地面。

"救命呀！救命呀！"舒克忽然听到地面上传来呼救声。

舒克一看，原来是一只蚂蚁掉进了水洼里，正在拼命挣扎。

舒克急忙将直升飞机开到了水洼上空，然后操纵飞机垂直下降。

"我来救你！"舒克把头探出飞机，大声喊。他将飞机悬在空中，离水面只有两寸远。可飞机上没有绳子，蚂蚁怎么上来呢？

眼看小蚂蚁不行了，舒克忽然想起了自己的尾巴。他急忙解开裤子，把尾巴从腰上解下来，打开飞机舱门，将尾巴伸向水面。

nǐ zhuā zhù shéng zi pá shàng lái kuài shū kè dà
"你抓住绳子爬上来，快！"舒克大

shēng hǎn
声 喊。

xiǎo mǎ yǐ zhuā zhù shū kè de wěi ba pá shàng le zhí
小蚂蚁抓住舒克的尾巴，爬上了直

shēng fēi jī
升飞机。

shū kè guān
舒克关

shàng cāng mén jià
上舱门，驾

shǐ zhe zhí shēng fēi
驶着直升飞

jī lā qǐ le gāo
机拉起了高

dù
度。

xiè xie
"谢谢

nǐ xiè xie nǐ
你，谢谢你！"

xiǎo mǎ yǐ yì biān cā
小蚂蚁一边擦

zhe shēn shang de
着身上的

shuǐ yì biān gǎn jī de shuō
水，一边感激地说。

huó zhè me dà shū kè tóu yí cì tīng dào bié ren xiè tā
活这么大，舒克头一次听到别人谢他，

tā zhēn yǒu diǎn er jī dòng le
他真有点儿激动了。

nǐ jiào shén me míng zi xiǎo
"你叫什么名字？"小

mǎ yǐ wèn
蚂蚁问。

wǒ jiào fēi xíng yuán shū kè
"我叫飞行员舒克。"

shū kè shuō
舒克说。

zhè jià zhí shēng fēi jī zhēn piào
"这架直升飞机真漂

liang xiǎo mǎ yǐ dǎ
亮。"小蚂蚁打

liang zhe jī cāng shuō
量着机舱说。

tā hū rán kàn jiàn le
他忽然看见了

shū kè de wěi ba
舒克的尾巴，

yō nǐ de shéng zi
"哟，你的绳子

zhēn xiàng lǎo shǔ de wěi
真像老鼠的尾

11

ba
巴。"

ā shì ma   shū kè yì jīng zhè cái xiǎng qǐ wàng
"啊,是吗?"舒克一惊,这才想起忘
le jiāng wěi ba cáng qǐ lái   tā yì biān bǎ wěi ba wǎng kù zi
了将尾巴藏起来,他一边把尾巴往裤子
li sāi   yì biān shuō zhí shēng fēi jī shang de shéng zi dōu
里塞,一边说:"直升飞机上的绳子都
shì zhè yàng de   yǒu tán xìng
是这样的,有弹性。"

xiǎo mǎ yǐ zǐ xì de dǎ liang le shū kè yí xià xiào
小蚂蚁仔细地打量了舒克一下,笑
le
了。

shū kè zhēn pà xiǎo mǎ yǐ rèn chū tā shì lǎo shǔ lái   kàn
舒克真怕小蚂蚁认出他是老鼠来,看
yàng zi méi yǒu   yào bù   xiǎo mǎ yǐ kěn dìng bú huì zài duì tā
样子没有,要不,小蚂蚁肯定不会再对他
xiào le
笑了。

nǐ jiā zài nǎ er   wǒ sòng nǐ huí jiā   shū kè
"你家在哪儿?我送你回家。"舒克
shuō
说。

xiǎo mǎ yǐ bǎ tóu tiē zài bō lí shang   gěi shū kè zhǐ
小蚂蚁把头贴在玻璃上,给舒克指
lù   jiù zài nà kē dà shù hòu mian   duì   zài wǎng qián fēi
路:"就在那棵大树后面。对,再往前飞,

绕过那个土坡。看见了吗？就是那个洞口。"

直升飞机平稳地降落在蚂蚁洞旁边。

舒克给小蚂蚁打开舱门，小蚂蚁跳了下去。

舒克赶紧把尾巴缠在腰里。不一会儿，小蚂蚁领着一大群蚂蚁走到飞机旁边，"舒克，这是我们蚁王，她来谢你了。"

一听是蚁王，舒克赶紧从飞机上下来。

"谢谢你救了我的孩子，我能为你做点儿什么吗？"蚁王和蔼地问舒克。

"不用谢，"舒克心里美滋滋的，"我，

我有点……饿。"

"快去拿最高级的食物。"蚁王命令。

很快，几百只蚂蚁抬着许多米饭粒、面包渣放到舒克面前。舒克大吃起来，真怪，他觉得，这些东西比花生米还香。

"你们以后有什么事，就来找我帮忙，我经常在这一带飞。"舒克吃饱以后对蚁王说。

"我们也欢迎你经常来！"蚁王笑眯眯地回答。

"你可经常来呀！"小蚂蚁眼圈红了。

舒克心里也挺酸，可他不敢哭，要是眼泪把牙膏冲掉了，人家认出他是老鼠来，谁还理他呀！

shū kè qǐng yǐ wáng dēng jī cān guān　tā gào su yǐ
舒克请蚁王登机参观，他告诉蚁

wáng　zhí shēng fēi jī de biāo zhǔn chēng hu shì zhí shēng jī　dàn
王，直升飞机的标准称呼是直升机，但

dà jiā xí guàn jiào tā zhí shēng fēi jī　yǐ wáng yǒu xìng qù de
大家习惯叫它直升飞机。蚁王有兴趣地

tīng shū kè wèi tā jiǎng jiě zhí shēng fēi jī de cháng shí
听舒克为她讲解直升飞机的常识。

yǐ wáng hé shū kè lí kāi zhí shēng fēi jī dào bié
蚁王和舒克离开直升飞机道别。

shū kè zuàn jìn zhí shēng fēi jī　chòng dà jiā zhāo zhao
舒克钻进直升飞机，冲大家招招

shǒu　qǐ fēi le
手，起飞了。

舒克和贝塔历险记
SHUKEHEBEITA LIXIAN JI

第 2 集

fēi jī duō zhuǎn le yí gè wān
飞机多转了一个弯；

shū kè wèi zì jǐ de míng shēng kǔ nǎo
舒克为自己的名声苦恼；

shū kè yǒng yuǎn shì dà jiā de péng you
舒克永远是大家的朋友

shū kè kāi zhe zhí shēng fēi jī lái dào yí piàn huā cóng shàng
舒克开着直升飞机来到一片花丛上

kōng tā kàn jiàn xǔ duō mì fēng zài cǎi mì
空，他看见许多蜜蜂在采蜜。

jīn tiān de mì zhēn duō dōu yùn bù huí qù le zěn me
"今天的蜜真多，都运不回去了，怎么

bàn ne yì zhī mì fēng duì dà jiā shuō
办呢？"一只蜜蜂对大家说。

jiù shì zěn me bàn ne dà jiā dōu hěn zháo jí
"就是，怎么办呢？"大家都很着急。

shū kè bǎ tóu tàn chū chuāng wài wǒ lái bāng nǐ men yùn
舒克把头探出窗外："我来帮你们运

ba
吧！"

蜜蜂们吓了一跳，抬头一看，是一架米黄色的大直升飞机悬在空中。

"你是谁？"

"我是飞行员舒克。"

蜜蜂们一看有飞机帮他们运蜜，高兴了。

直升飞机在花丛中着陆了，蜜蜂们把蜂蜜运进机舱。

"你自己送去吧，我们还得采蜜。我们家就在小河对岸那棵最高的树上。"一只金翅膀蜜蜂说。

一只白翅膀蜜蜂不放心，小声说："咱们又不认识他，要是他……"

"你别把人都想得那么坏，我看不

会。"

舒克看见金翅膀蜜蜂这么相信他，很
感动，说："你们放心，我一定送到。"

直升飞机起飞了。机舱里充满了蜂
蜜的香味儿。小时候妈妈给他吃过蜂蜜，
很香。舒克回头看了一眼蜂蜜，咽了一下
口水，心想人家这么相信自己，自己可不
能偷吃。

舒克看见了小河，他驾驶飞机转弯
向小河对面飞去。

飞机转弯的时候，盆里的蜜洒出来一
点儿。

舒克用手指蘸着一尝，真甜！原来，
这是没有加工过的花粉蜜。舒克想，这可

18

bú suàn tōu chī shì tā zì jǐ sǎ chū lái de zhè me xiǎng zhe
不算偷吃，是它自己洒出来的。这么想着，

tā yòu cāo zòng fēi jī zài xiǎo hé shàng mian zuò le yí gè gèng jí
他又操纵飞机在小河上面做了一个更急

de zhuǎn wān zhè huí sǎ chū lái de mì gèng duō le
的转弯，这回洒出来的蜜更多了。

zhè dào bú cuò jì méi yǒu tōu yòu néng chī bǎo shū
"这倒不错，既没有偷，又能吃饱。"舒

kè mǎn yì de xiǎng
克满意地想。

shū kè bǎ fēng mì ān quán de sòng dào le mì fēng de jiā
舒克把蜂蜜安全地送到了蜜蜂的家。

tā lái lái huí huí bāng zhù mì fēng kōng yùn le shí jǐ cì mì fēng
他来来回回帮助蜜蜂空运了十几次，蜜蜂

men dōu hěn gǎn xiè tā shōu gōng shí gěi tā bān lái le yí dà
们都很感谢他，收工时，给他搬来了一大

pén fēng mì
盆蜂蜜。

wǒ shuō tā shì hǎo rén ba jīn chì bǎng duì bái chì
"我说他是好人吧！"金翅膀对白翅

bǎng shuō
膀说。

shū kè xiǎng qǐ zì jǐ zài fēi jī shang chī rén jiā de
舒克想起自己在飞机上吃人家的

mì yǒu diǎn hòu huǐ
蜜，有点后悔。

wǒ bú yào fēng mì le shū kè shuō
"我不要蜂蜜了。"舒克说。

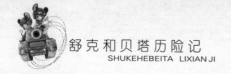

"那不行，一定得留下。"蜜蜂们不容分说，将蜂蜜搬进了机舱。

"你以后想吃蜂蜜就来，咱们是朋友了，我们对朋友一点儿不吝惜。可上次有只老鼠来偷蜜，我们狠狠地教训了他一顿。"金翅膀说。

舒克真怕蜜蜂看出他是老鼠来，他向蜜蜂们告别后，急忙起飞了。

舒克开着直升飞机在天上转悠，他知道，只要人家认不出他是老鼠来，都会对他友好。可一旦人家知道他是老鼠，一定不会理他了。想到这儿，舒克把飞行服整了整，再摸摸腰里的尾巴缠得牢不牢，又将飞行帽戴好。

"砰！"地面传来一声枪响。

舒克往下一看，一个小男孩拿气枪将一只麻雀从树上打下来。麻雀的翅膀被打伤了，在地上一蹦一蹦地跳着，小男孩从远处追过去。

舒克驾着直升飞机来了一个俯冲，落在小麻雀身旁。他打开舱门，喊："快！快上来！"

小麻雀也来不及细想，上了直升飞机。

好险！小男孩刚跑到跟前，米黄色的直升飞机腾空而起，小男孩愣在那里。

"你真勇敢！"小麻雀望着舒克说。

"你伤得重吗？"

chì bǎng shāng le   zhēn téng
"翅膀伤了，真疼。"

tā gàn má dǎ nǐ
"他干吗打你？"

wǒ yě bù zhī dào   tā zǒng ná qiāng dǎ wǒ men   mā
"我也不知道，他总拿枪打我们。妈

ma jiù shì ràng tā men dǎ sǐ de
妈就是让他们打死的。"

rén bǐ lǎo shǔ hái huài ba   shū kè wèn
"人比老鼠还坏吧？"舒克问。

lǎo shǔ   lǎo shǔ zuì huài
"老鼠？老鼠最坏。"

kě lǎo shǔ méi yòng qiāng dǎ sǐ bié ren ya   shū kè
"可老鼠没用枪打死别人呀！"舒克

tí xǐng xiǎo má què
提醒小麻雀。

lǎo shǔ míng shēng bù hǎo
"老鼠名声不好。"

míng shēng   jiù shì zhè ge míng shēng   hài de shū kè zhěng
名声，就是这个名声！害得舒克整

tiān chuān zhe fēi xíng fú   dài zhe fēi xíng mào   hái bǎ wěi ba chán
天穿着飞行服，戴着飞行帽，还把尾巴缠

zài yāo li   rè sǐ le   yě bù gǎn tuō   shū kè hèn sǐ míng
在腰里，热死了，也不敢脱。舒克恨死"名

shēng   zhè ge dōng xi le
声"这个东西了。

nǐ zěn me le   xiǎo má què kàn dào shū kè bù kēng qì
"你怎么了？"小麻雀看到舒克不吭气

了，"对了，我还忘了问你是谁呢？"

"飞行员舒克。"舒克不大情愿地回答。他不明白，自己救了他为什么不能理直气壮地说真名——小老鼠舒克！

"你真好，谢谢你，飞行员舒克！"

这次听到人家谢他，舒克心里不是滋味儿。他想听到"谢谢你，小老鼠舒克"。

不过，舒克一会儿就把不愉快的事忘了，他请小麻雀吃蜜，小麻雀说不喜欢吃蜜，喜欢吃虫子。舒克答应给他去抓。

天快黑了，舒克将直升飞机停在一座楼房的房顶上，他让小麻雀在机舱中休息，自己跑出去给他抓虫子。

舒克从来没抓过虫子，他费了九牛

èr hǔ zhī lì   zǒng suàn zhuā dào le   jǐ tiáo
二虎之力，总算抓到了几条。

xiǎo má què kàn dào chóng zi   gāo xìng de chī le qǐ lái
小麻雀看到虫子，高兴地吃了起来。

shū kè xiào le
舒克笑了。

dì èr tiān   shū kè bǎ xiǎo má què sòng huí jiā
第二天，舒克把小麻雀送回家。

shū kè jīng cháng wèi dà jiā bàn hǎo shì   jiàn jiàn de   shéi
舒克经常为大家办好事。渐渐地，谁

dōu zhī dào yǒu wèi fēi xíng yuán shū kè kāi zhe mǐ huáng sè de zhí
都知道有位飞行员舒克开着米黄色的直

shēng fēi jī   zuì ài bāng zhù bié ren
升飞机，最爱帮助别人。

zhè tiān   jīng xiǎo má què tí yì   dà jiā yàn qǐng fēi xíng
这天，经小麻雀提议，大家宴请飞行

yuán shū kè   zhǔ bàn yàn huì de shì mǎ yǐ guó wáng   mì fēng
员舒克。主办宴会的是蚂蚁国王、蜜蜂

huáng hòu   hái yǒu xǔ xǔ duō duō shòu guò shū kè bāng zhù de péng
皇后，还有许许多多受过舒克帮助的朋

you dōu lái le
友都来了。

yàn huì hěn fēng shèng   yǒu hǎo duō hǎo chī de shí wù   dà
宴会很丰盛，有好多好吃的食物，大

jiā zuò hǎo le   zài děng shū kè
家坐好了，在等舒克。

shū kè kāi zhe zhí shēng fēi jī qù cān jiā yàn huì   zhè xiē
舒克开着直升飞机去参加宴会。这些

rì zi tōng guò zì jǐ de láo dòng jiāo le xǔ duō péng you
日子，通过自己的劳动，交了许多朋友。

shū kè kàn jiàn xià mian yǒu yí piàn huā cóng tā cāo zòng fēi jī
舒克看见下面有一片花丛，他操纵飞机

jiàng luò xià qù xiǎng gěi péng you men dài diǎn xiān huā
降落下去，想给朋友们带点鲜花。

shū kè zhāi le yì duǒ hóng huā zhè duǒ sòng gěi xiǎo má
舒克摘了一朵红花。"这朵送给小麻

què tā xiǎng
雀，"他想。

shū kè yòu zhāi le yì duǒ huáng huā zhè duǒ sòng gěi jīn
舒克又摘了一朵黄花，"这朵送给金

chì bǎng xiǎo mì fēng
翅膀小蜜蜂。"

hū rán shū kè shēn hòu guā lái yí zhèn jí fēng tā gǎn
忽然，舒克身后刮来一阵急风，他感

dào yí zhèn zhàn lì hún shēn fā ruǎn hái méi míng bai shì zěn me
到一阵颤栗，浑身发软，还没明白是怎么

huí shì jiān bǎng yǐ jing bèi láo láo de zhuā zhù le
回事，肩膀已经被牢牢地抓住了。

wǒ dāng shén me fēi xíng yuán shū kè yuán lái shì zhī lǎo
"我当什么飞行员舒克，原来是只老

shǔ shū kè shēn hòu chuán lái yí zhèn dà xiào
鼠！"舒克身后传来一阵大笑。

shū kè huí tóu yí kàn tiān na shì zhī xiǎo huā māo xiǎo
舒克回头一看，天哪，是只小花猫！小

shí hou shū kè jiù tīng mā ma shuō guò māo shì lǎo shǔ zuì dà
时候，舒克就听妈妈说过，猫是老鼠最大

de dí rén　zǔ zǔ bèi bèi shì yuān jiā
的 敌人，祖祖辈辈是冤家。

　　nǐ yǐ wéi huà zhuāng le　　jiù néng táo guò wǒ de yǎn
　　"你以为化装了，就能逃过我的眼

jing　zǒu　wǒ yào ràng xiǎo má què tā men kàn kan nǐ de zhēn miàn
睛？走，我要让小麻雀他们看看你的真面

mù　rán hòu zài chǔ jué nǐ
目，然后再处决你。"

yì tīng shuō yào dài
一听说要带

tā qù jiàn xiǎo má què tā
他去见小麻雀他

men　shū kè jí le
们，舒克急了，

tā āi qiú dào
他哀求道：

wǒ qiú qiu nǐ
"我求求你，

xiàn zài jiù bǎ wǒ chǔ sǐ
现在就把我处死

ba　qiān wàn bié ràng tā
吧，千万别让他

men zhī dào wǒ shì lǎo
们知道我是老

shǔ
鼠。"

shū kè
舒克

níng kě sǐ le　　yě yào bǎo gè hǎo míng shēng
宁 可 死 了 , 也 要 保 个 好 名 声 !

　　xiǎng de dào měi　zǒu　　xiǎo huā māo cái bù lǐ huì shū
　　"想 得 倒 美 ! 走 !" 小 花 猫 才 不 理 会 舒

kè de kǔ kǔ āi qiú　　　yòng shǒu qīng qīng yì
克 的 苦 苦 哀 求 , 用 手 轻 轻 一

tí　jiù bǎ shū kè līn zǒu le
提 , 就 把 舒 克 拎 走 了 。

　　zhè xià wán le　　　shū
　　"这 下 完 了 。" 舒

kè bì shàng yǎn jing　xiǎng xiàng
克 闭 上 眼 睛 , 想 象

zhe yí huì er dà jiā mà tā de
着 一 会 儿 大 家 骂 他 的

chǎng miàn
场 面 。

　　　nǐ men de fēi xíng yuán shì zhī lǎo shǔ
　　"你 们 的 飞 行 员 是 只 老 鼠 ,

kàn kan ba　　　xiǎo huā māo bǎ shū kè wǎng dì shang
看 看 吧 !" 小 花 猫 把 舒 克 往 地 上

yì rēng　dà shēng xuān bù
一 扔 , 大 声 宣 布 。

　　shū kè zhàn qǐ lái　　tā bù gǎn zhēng kāi yǎn jing
　　舒 克 站 起 来 , 他 不 敢 睁 开 眼 睛 。

　　dà jiā dōu lèng zhù le
　　大 家 都 愣 住 了 。

　　wǒ xiàn zài jiù qù chǔ jué
　　"我 现 在 就 去 处 决

一

tā
他！"小花猫像审判长一样宣布，他说
wán yòu zhuā qǐ shū kè
完又抓起舒克。

zhù shǒu
"住手！"小麻雀飞到小花猫跟前，
nǐ gàn má yào chǔ jué tā
"你干吗要处决他？"

yīn wèi tā shì lǎo shǔ
"因为他是老鼠！"

kě tā méi gàn guò huài shì ya
"可他没干过坏事呀！"

lǎo shǔ dōu shì huài dàn
"老鼠都是坏蛋！"

bú duì shū kè jiù bú shì huài dàn
"不对，舒克就不是坏蛋！"

duì shū kè bú shì huài dàn dà jiā yì qǐ rǎng dào
"对，舒克不是坏蛋！"大家一起嚷道。

tā shì yì zhī lǎo shǔ ya xiǎo huā māo jí le
"他是一只老鼠呀！"小花猫急了。

lǎo shǔ bù lǎo shǔ wǒ men bù guǎn tā shì wǒ men de
"老鼠不老鼠我们不管，他是我们的
péng you shū kè wǒ men de péng you shū kè xiǎo mǎ yǐ dà
朋友舒克！我们的朋友舒克！"小蚂蚁大
shēng shuō
声说。

duì tā shì wǒ men de péng you shū kè bù xǔ nǐ
"对，他是我们的朋友舒克，不许你

伤害他!"金翅膀蜜蜂飞起来,只要小花
猫敢动舒克一根毫毛,他就要蜇他。

　　舒克再也忍不住了,眼泪刷地一下流
了下来,他不怕把脸上的牙膏冲掉了。

　　小麻雀过去给他擦干眼泪。

　　"舒克,来,宴会开始。"小麻雀宣布。

　　舒克笑了,他把飞行帽摘掉,坐在了
餐桌正中央。

　　"他们疯了!和老鼠在一起会餐!"小
花猫讨了个没趣,怏怏地走了,他实在想
不通。

　　从那以后,舒克再也不怕别人知道他
是老鼠了,他每天驾驶着米黄色的直升
飞机,为朋友们做事。

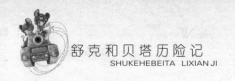

第 3 集

bèi tǎ yòng bù kǒu dai zhuāng xiāng wèi er
贝塔用布口袋装香味儿；

mī lì bú ràng bèi tǎ chī fàn
咪丽不让贝塔吃饭；

bèi tǎ xué huì jià shǐ tǎn kè
贝塔学会驾驶坦克

bèi tǎ yě shì yì zhī xiǎo lǎo shǔ　　cóng tā jiàng shēng de
贝塔也是一只小老鼠，从他降生的

nà tiān kāi shǐ　　jiù yǒu yí gè kě pà de yǐng zi shǐ zhōng gēn zōng
那天开始，就有一个可怕的影子始终跟踪

zhe tā　　nà yǐng zi jiù shì mī lì　　mī lì shì yì zhī māo
着他，那影子就是咪丽。咪丽是一只猫。

mī lì hài de bèi tǎ liǎng tiān méi chī dōng xi le　　zhè tiān
咪丽害得贝塔两天没吃东西了，这天

wǎn shang　　yì gǔ xiāng wèi er cóng dòng wài piāo jìn lái　　bèi tǎ
晚上，一股香味儿从洞外飘进来，贝塔

máng ná chū tā de xiǎo bù kǒu dai　　jiāng xiāng wèi er zhuāng jìn
忙拿出他的小布口袋，将香味儿装进

去。这是贝塔想出的办法，每当香味儿飘进来时，就用口袋把它装起来，留着以后饿了时闻。

可今天贝塔实在太饿了，越闻香味儿就越想吃东西，他决定出去冒一次险。

贝塔先把头探出洞外，屋里静悄悄的。

"咪丽大概出去玩了吧？"他小心翼翼地出了洞。

冰柜旁边有一只碗，那里边总是有好吃的，什么鱼呀、肉呀……贝塔就是饿死也不敢过去吃，那是咪丽的饭碗，主人每天往这个碗里放好吃的。

贝塔想在地上找点儿剩饭。就在这

时，他忽然听见有响动。贝塔探头一看，好

家伙，咪丽正盯着他呢！

他赶忙窜回洞去。吓得直喘粗气。

"小偷！你敢出来吗？"咪丽在洞口吓

唬贝塔。

贝塔连答话都不敢。就这样，贝塔被

咪丽一连堵了3天！他已经饿得全身无力，

手脚发软了。

咪丽呢，每天故意当着贝塔大吃大

喝。主人这几天似乎特别优待她。

看着咪丽大吃一气，贝塔咽了一下口

水，"干吗她每天可以大模大样地吃这么

多东西？而我吃一点儿就是偷。要是主人

每天也给我一点儿东西吃，哪怕比咪丽少

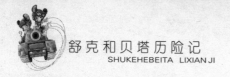

舒克和贝塔历险记
SHUKEHEBEITA LIXIAN JI

de duō   wǒ jiù bú huì tōu le   zhǔ rén zhēn shì gè guài dōng
得多，我就不会偷了，主人真是个怪东

xi   bèi tǎ xiǎng
西。"贝塔想。

bèi tǎ bù xiǎng è sǐ   tā děi xiǎng bàn fǎ huó xià qù
贝塔不想饿死，他得想办法活下去。

bèi tǎ wéi yī de lè qù   jiù shì měi tiān wǎn shang kàn diàn
贝塔唯一的乐趣，就是每天晚上看电

shì   wū li de diàn shì jī zhèng hǎo duì zhe bèi tǎ de dòng kǒu
视。屋里的电视机正好对着贝塔的洞口，

tā bú yòng chū qù jiù kě yǐ kàn diàn shì
他不用出去就可以看电视。

zhè tiān   yí bù diàn shì piàn xī yǐn le bèi tǎ   píng mù
这天，一部电视片吸引了贝塔，屏幕

shang de yì qún tǎn kè zài jìn gōng   bǎ dí rén dǎ de luò huā liú
上的一群坦克在进攻，把敌人打得落花流

shuǐ   tǎn kè shén me dōu bú pà   lián gāo dà de qiáng dōu bèi tā
水。坦克什么都不怕，连高大的墙都被它

zhuàng tā le
撞塌了。

tǎn kè zhè me lì hai   bèi tǎ xiǎng qǐ chuáng dǐ xià
"坦克这么厉害！"贝塔想起床底下

yǒu yí liàng lǜ sè de diàn dòng tǎn kè   tā de yǎn jing shǎn chū le
有一辆绿色的电动坦克，他的眼睛闪出了

qí yì de guāng
奇异的光。

chèn mī lì chū qù hē shuǐ de kòng er   bèi tǎ zuān chū
趁咪丽出去喝水的空儿，贝塔钻出

34

dòng pǎo dào chuáng dǐ xià zhǎo dào le nà liàng lǜ sè de diàn dòng
洞，跑到 床 底下找到了那辆绿色的电动

tǎn kè
坦克。

bèi tǎ xué zhe diàn shì shang jià shǐ yuán de yàng zi dǎ
贝塔学着电视上驾驶员的样子，打

kāi tǎn kè shang de gài zi zuān jìn le tǎn kè lǐ biān
开坦克上的盖子，钻进了坦克里边。

tǎn kè li hěn kuān chǎng zhuāng jǐ gè bèi tǎ dōu bù
坦克里很宽敞，装几个贝塔都不

chéng wèn tí bèi tǎ guān jǐn pào tǎ shang de gài cóng lǐ miàn
成问题。贝塔关紧炮塔上的盖，从里面

bǎ chā xiāo chā shàng yòu shǐ jìn er tuī le tuī zhí dào tā què
把插销插上，又使劲儿推了推，直到他确

xìn mī lì cóng wài mian kěn dìng dǎ bù kāi shí cái sōng le yí kǒu
信咪丽从外面肯定打不开时，才松了一口

qì
气。

bèi tǎ zǐ xì dǎ liang zhe tǎn kè nèi bù tā duì zhè lǐ
贝塔仔细打量着坦克内部，他对这里

de yí qiè dōu hěn mò shēng bèi tǎ zuò zài jià shǐ yuán de zuò wèi
的一切都很陌生。贝塔坐在驾驶员的座位

shang fā xiàn qián mian yǒu yí gè xiǎo jìng zi tā bǎ nǎo dài còu
上，发现前面有一个小镜子，他把脑袋凑

guò qù jū rán néng kàn dào wài mian bèi tǎ xiǎng qǐ lái le
过去，居然能看到外面！贝塔想起来了，

diàn shì shang shuō guò zhè jiào qián wàng jìng
电视上说过，这叫潜望镜。

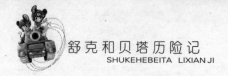

潜望镜下面有一排漂亮的电钮。贝塔试着按了一下红色的电钮，坦克启动了，飞快地向前冲去。贝塔又按了一下黄色电钮，坦克向后退去。

贝塔开心极了，他把所有电钮都按了一遍。有的能操纵炮塔转圈，有的能加大前进速度。有的能让坦克拐弯。不一会儿，贝塔就能熟练地操纵坦克了，现在，贝塔不怕咪丽了，他甚至盼着咪丽快点回来，这种心情还是头一次有呢！

贝塔把坦克隐蔽在床底下，焦急地盼望着咪丽的出现。

36

第 4 集

bèi tǎ jià shǐ tǎn kè dà bài mī lì
贝塔驾驶坦克大败咪丽；

bèi tǎ jī tuì mī lì yuán bīng
贝塔击退咪丽援兵；

mī lì yǎn yǎn yì xī
咪丽奄奄一息；

bèi tǎ chū zǒu
贝塔出走

bèi tǎ cóng qián wàng jìng li kàn jiàn mī lì huí lái le tā
贝塔从潜望镜里看见咪丽回来了，他

àn le yí xià diàn niǔ   cāo zòng tǎn kè xiàng mī lì chōng guò qù
按了一下电钮，操纵坦克向咪丽冲过去。

mī lì kàn jiàn yí liàng tǎn kè cóng chuáng dǐ xià kāi chū
咪丽看见一辆坦克从床底下开出

lái   hái méi míng bai shì zěn me huí shì shí   tǎn kè yǐ jīng zhuàng
来，还没明白是怎么回事时，坦克已经撞

dào tā shēn shang   bǎ tā zhuàng le yí gè gēn tou   tā gāng zhàn
到她身上，把她撞了一个跟头。她刚站

wěn   tǎn kè yòu chōng guò lái le   yòu shì yí gè dà gēn tou
稳，坦克又冲过来了，又是一个大跟头。

咪丽急忙跳上桌子,气喘吁吁地看着这
辆凶猛的坦克。

不一会儿,坦克上的盖子打开了,露
出贝塔的头。

"喂,怎么样?害怕了吧?"贝塔嘲笑
地说。

咪丽一看是贝塔,猛地从桌上扑下
来。

贝塔连忙钻进坦克,等咪丽刚落地,
坦克又把她撞了个跟头。这次撞在头
上,咪丽两眼直冒金星。

咪丽傻眼了,忙逃回到桌子上。

这回,贝塔不理咪丽了,他开着坦克来
到咪丽的饭碗旁边,把咪丽的食物都搬进

38

了坦克。

贝塔在坦克里大吃起来，真香啊！通过潜望镜，贝塔看见咪丽急得直跺脚，他得意地笑了。

这天咪丽没吃上东西。

贝塔决定以后就住在坦克里了。他找来一些棉花，在坦克里铺了一张舒舒服服的软床。又找了一个纸盒子，当贮藏食物的仓库。

白天，贝塔把坦克开到床底下隐蔽起来。晚上，他开着坦克出来吃主人给咪丽准备的食物。

一到夜里，整个屋子就成了贝塔的天下。他驾驶着坦克横冲直撞，追得咪

lì mǎn wū zi luàn cuān
丽满屋子乱蹿。

mī lì jué dìng qù bān yuán bīng
咪丽决定去搬援兵。

chòu bèi tǎ nǐ děng zhe yí huì er fēi bǎ nǐ de wū
"臭贝塔，你等着，一会儿非把你的乌

guī ké fān gè dǐ cháo tiān bù kě hēng mī lì biān shuō biān
龟壳翻个底朝天不可，哼！"咪丽边说边

pǎo chū wū zi
跑出屋子。

tā yào zhēn jiào lái shí jǐ zhī māo bǎ tǎn kè fān guò
"她要真叫来十几只猫，把坦克翻过

lái jiù zāo le bèi tǎ zháo jí le
来就糟了。"贝塔着急了。

tā hū rán kàn jiàn le tǎn kè shang de dà pào duì yòng
他忽然看见了坦克上的大炮，对，用

dà pào dǎ tā men kě méi yǒu pào dàn ya bèi tǎ yǎn zhū yí
大炮打他们！可没有炮弹呀，贝塔眼珠一

zhuàn xiǎng chū gè hǎo zhǔ yi
转，想出个好主意。

chuáng dǐ xià de lán zi li yǒu bù shǎo huā shēng mǐ bèi
床底下的篮子里有不少花生米，贝

tā ná le gè kǒu dai zhuāng le mǎn mǎn yì kǒu dai bān jìn tǎn
塔拿了个口袋，装了满满一口袋，搬进坦

kè li tā bǎ yì kē huā shēng mǐ sāi jìn pào táng yí àn diàn
克里。他把一颗花生米塞进炮膛，一按电

niǔ pā dǎ chū qù yì kē
钮，"啪！"打出去一颗。

贝塔很快发现炮上也有一个小镜子，那是瞄准镜。他又装进一颗"炮弹"，瞄准挂在墙上的气球，一按电钮，"啪！"气球炸了。

现在贝塔什么都不怕了，他把炮口对准门口，装好炮弹，等着咪丽。果然，咪丽叫来了五只猫！

"他在哪儿？"一只黄猫刚进屋就说。他不相信一只老鼠能把猫治住。

话音未落，就听"啪"的一声，黄猫的门牙被打掉了，疼得她"嗷嗷"直叫。

另一只灰猫朝着坦克冲过来。

贝塔瞄准他的鼻子又是一炮，"炮弹"打进灰猫的鼻孔里出不来了，疼得他掉头

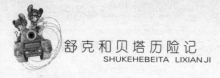
jiù pǎo
就跑。

lìng wài jǐ zhī māo dōu shǎ le yǎn tā men kàn jiàn yí liàng
另外几只猫都傻了眼,他们看见一辆

lǜ sè de tǎn kè cóng chuáng dǐ xià chōng chū lái yì biān kāi pào
绿色的坦克从床底下冲出来,一边开炮

yì biān héng chōng zhí zhuàng tā men zhēng xiān kǒng hòu de táo chū
一边横冲直撞,他们争先恐后地逃出

le wū zi
了屋子。

cóng cǐ yǐ hòu bù guǎn bái tiān wǎn shang zhěng gè wū
从此以后,不管白天晚上,整个屋

zi dōu chéng le bèi tǎ de tiān xià jiù shì mī lì pǎo dào dà yī
子都成了贝塔的天下,就是咪丽跑到大衣

guì shang bèi tǎ de pào dàn yě néng dǎ zháo tā
柜上,贝塔的"炮弹"也能打着她。

mī lì xiǎng le xǔ duō bàn fǎ kě měi cì tā dōu bài zài
咪丽想了许多办法,可每次她都败在

bèi tǎ shǒu xià tā de fàn wǎn yǐ jing chéng le bèi tǎ de fàn
贝塔手下。她的饭碗已经成了贝塔的饭

wǎn le zhǔ rén jīng qí de fā xiàn jìn jǐ tiān cóng wèi diū chī
碗了,主人惊奇地发现,近几天从未丢吃

de tā hái yǐ wéi zhè shì mī lì de gōng láo yīn cǐ jué dìng
的,他还以为这是咪丽的功劳,因此决定

hǎo hǎo wèi láo tā zhǔ rén měi tiān wǎng mī lì de fàn wǎn li fàng
好好慰劳她。主人每天往咪丽的饭碗里放

hǎo chī de tā nǎ er zhī dào mī lì yì diǎn er méi chī zháo
好吃的,他哪儿知道,咪丽一点儿没吃着,

全让贝塔享用啦！

咪丽已经整整四天没吃东西了。这天中午，她悄悄爬上了餐桌……

"好啊，你竟敢偷吃东西！我每天给你那么多饭还不够你吃！你个馋猫！"

主人看见咪丽居然敢爬到餐桌上偷吃他的饭，大发脾气，抄起鸡毛掸子没命地打咪丽，吓得咪丽在屋里上蹿下跳。

贝塔在床底下开心极了。当咪丽躲到床底下时，他就开炮把她轰出去。

这天晚上，主人用绳子把咪丽捆在椅子腿上，惩罚她。

贝塔的坦克缓缓地停在了咪丽身旁，当贝塔确信咪丽已经被捆得结结实实

zhī hòu tā dǎ kāi tǎn kè cāng gài zuān chū lái zuò zài
之后，他打开坦克舱盖，钻出来坐在

pào tǎ shang èr láng tuǐ yí qiào yōu xián zì dé de kàn zhe
炮塔上，二郎腿一跷，悠闲自得地看着

mī lì
咪丽。

mī lì kàn le yì yǎn bèi tǎ bì shàng le yǎn jing tā
咪丽看了一眼贝塔，闭上了眼睛。她

è jí le zài jiā shàng quán shēn bèi dǎ de huǒ shāo yí yàng de
饿极了，再加上全身被打得火烧一样的

téng hún shēn wú lì gǔ tou dōu kuài sǎn jià le
疼，浑身无力，骨头都快散架了。

bèi tǎ běn lái xiǎng hǎo hāo qǔ xiào tā yì fān kàn dào mī
贝塔本来想好好取笑她一番，看到咪

lì zhè fù kě lián de yàng zi bèi tǎ xiǎng qǐ le zì jǐ cóng
丽这副可怜的样子，贝塔想起了自己从

qián ái è de rì zi　　tā kāi shǐ tóng qíng mī lì le
前挨饿的日子，他开始同情咪丽了，
bèi tǎ hòu huǐ bù gāi bǎ mī lì nòng dào zhè ge dì bù
贝塔后悔不该把咪丽弄到这个地步。

　　　　bèi tǎ
　　贝塔
cóng tǎn kè
从坦克
shang tiào xià
上跳下
lái　zǒu dào
来，走到
mī lì shēn
咪丽身
páng
旁。
　　è dù
"饿肚
zi zuì nán shòu
子最难受

le　wǒ zhī
了，我知
dào　bèi tǎ yì biān shuō　yì biān kāi shǐ yǎo kǔn zài mī lì shēn
道。"贝塔一边说，一边开始咬捆在咪丽身
shang de shéng zi
上的绳子。

45

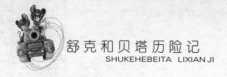

咪丽睁了一下眼睛，看看贝塔，又闭上了。

"我一会儿给你点儿吃的。"贝塔继续咬着绳子。

尼龙绳很结实，贝塔的牙齿都咬疼了，还剩最后一根。贝塔稍微歇了一会儿，用劲把最后一根绳子咬断了。

咪丽猛一回身，一口咬住了贝塔。

贝塔万万没想到，咪丽会来这一手，他不顾身上火辣辣的疼痛，回头咬了咪丽鼻子一口。

咪丽疼得大叫一声，松开了嘴。她实在太饿了，无力追捕贝塔。

贝塔钻进坦克，把坦克开到床下，他

tīng dào zhǔ rén qǐ lái le
听到主人起来了。

zhǔ rén tīng dào mī lì jiào dǎ kāi dēng yí kàn mī lì
主人听到咪丽叫，打开灯一看，咪丽

jū rán gǎn bǎ shéng zi yǎo duàn le tā bó rán dà nù ná qǐ
居然敢把绳子咬断了。他勃然大怒，拿起

jī máo dǎn zi yòu shì yí dùn měng dǎ zhè huí mī lì lián pǎo de
鸡毛掸子又是一顿猛打，这回咪丽连跑的

jìn er dōu méi yǒu le
劲儿都没有了。

dǎ wán zhī hòu zhǔ rén yòu bǎ mī lì kǔn zài yǐ zi tuǐ
打完之后，主人又把咪丽捆在椅子腿

shang
上。

bèi tǎ tōng guò qián wàng jìng kàn zhe zhè yí qiè kāi shǐ tā
贝塔通过潜望镜看着这一切，开始他

jué de tǐng chū qì kě hòu lái yòu jué de mī lì tǐng kě lián dàn
觉得挺出气，可后来又觉得咪丽挺可怜。但

bèi tǎ shí zài xiǎng bù tōng mī lì gàn má yǎo tā ne
贝塔实在想不通咪丽干吗咬他呢？

bèi tǎ jué de yào shi zì jǐ néng chī shàng fàn mī lì jiù
贝塔觉得要是自己能吃上饭，咪丽就

chī bú shàng fàn rú guǒ mī lì yǒu fàn shí nà tā bèi tǎ jiù
吃不上饭。如果咪丽有饭时，那他贝塔就

děi ái è yào shi tā liǎ néng yì qǐ chī gāi yǒu duō hǎo kě
得挨饿。要是他俩能一起吃该有多好。可

kàn yàng zi mī lì bú huì zhè yàng gàn
看样子咪丽不会这样干。

47

"干脆,我离开这个屋子,自己到外边去闯闯吧!"贝塔拿定了主意。他不愿意让咪丽总是饿肚子。

贝塔的坦克又缓缓地停在了咪丽身旁。这回,咪丽连眼睛都不敢睁了,她知道贝塔一定会狠狠地报复她。

咪丽觉得鼻子前面有香味儿,她睁开眼睛一看,贝塔把坦克里的食物搬出来放在咪丽面前。

"我要走了,请原谅,我实在不敢再把绳子咬断了。"贝塔说,"你吃吧,饿肚子最难受了,好了,再见吧!"

贝塔说完钻进坦克里。一想到再见不到咪丽了,贝塔心里还有点儿酸溜溜的

gǎn jué   zhēn guài
感觉，真怪。

　　bèi tǎ yòu bǎ tǎn kè cāng gài dǎ kāi　　zuì hòu kàn yì yǎn
　　贝塔又把坦克舱盖打开，最后看一眼

mī lì　　mī lì zhèng dà kǒu dà kǒu de chī zhe bèi tǎ gěi tā de
咪丽，咪丽正大口大口地吃着贝塔给她的

shí wù　　bèi tǎ tóu yí cì kàn jiàn　　mī lì de yǎn jing li yǒu jīng
食物。贝塔头一次看见，咪丽的眼睛里有晶

yíng de lèi shuǐ
莹的泪水……

　　bèi tǎ gài hǎo cāng gài　　jià shǐ zhe tǎn kè　　cóng mī lì
　　贝塔盖好舱盖，驾驶着坦克，从咪丽

chū rù de xiǎo mén shǐ chū le wū zi　　wài biān shì mǎn tiān xīng
出入的小门驶出了屋子，外边是满天星

dǒu
斗。

第 5 集

bèi tǎ de pào dàn dǎ shāng le xiǎo má què
贝塔的炮弹打伤了小麻雀；

shū kè de zhí shēng fēi jī jiù chū xiǎo má què
舒克的直升飞机救出小麻雀

bèi tǎ kāi zhe tǎn kè lái dào yě wài　tiān hēi de shēn shǒu
贝塔开着坦克来到野外，天黑得伸手

bú jiàn wǔ zhǐ　shén me yě kàn bú jiàn　tā dǎ kāi le zhào míng
不见五指，什么也看不见，他打开了照明

dēng
灯。

tōng guò qián wàng jìng　bèi tǎ kàn jiàn sì zhōu dōu shì guàn
通过潜望镜，贝塔看见四周都是灌

mù cóng　qián fāng yǒu yì duī xiǎo shí zǐ
木丛，前方有一堆小石子。

ná huā shēng mǐ dāng pào dàn tài kě xī　bèi tǎ
"拿花生米当炮弹太可惜，"贝塔

xiǎng　bù rú yòng xiǎo shí zǐ dāng pào dàn
想，"不如用小石子当炮弹。"

bèi tǎ duì wū wài zhè ge shì jiè hái hěn mò shēng　yóu yú
贝塔对屋外这个世界还很陌生，由于

50

他一生下来就在惊恐的气氛中生活,所以养成了谨小慎微的习惯。这次如果没有坦克给他壮胆,他是无论如何也不敢跑到外面来的。贝塔决定把炮弹储备得足足的,以防万一。

贝塔把坦克停在石子堆旁边,听听四周没有动静,他悄悄打开舱盖儿,钻出来,将许多小石子运进了坦克。有这么多炮弹,贝塔心里踏实多了。

贝塔忙完后,吃了两颗花生米,躺在坦克里他的软床上,呼呼地睡起大觉来。

一阵吵闹声惊醒了贝塔,他趴在潜望镜上一看,天已亮了,一群麻雀落在他

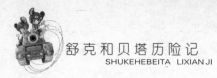

de tǎn kè shang zhèng jī jī zhā zhā de yì lùn zhe
的坦克上，正叽叽喳喳地议论着。

zhè shì shén me zuó tiān hái méi yǒu ne
"这是什么？昨天还没有呢！"

kě bú shì ma zěn me yí dòng bú dòng ya
"可不是吗，怎么一动不动呀？"

shì gè sǐ dōng xi ba
"是个死东西吧？"

tǎo yàn bèi tǎ jué dìng xià hu tā men yí xià tā
"讨厌！"贝塔决定吓唬他们一下。他

悄悄发动了坦克，猛然向前一冲，吓得麻雀们都飞了起来。

贝塔得意极了。他操纵坦克掉回头来，通过潜望镜看着落在树枝上的麻雀们。

"这是乌龟吧？"一只小麻雀说。

贝塔觉得"乌龟"是骂人的话，咪丽就

53

这样骂过他。他要教训这只小麻雀一下。

贝塔把炮口对准了小麻雀，装上石子炮弹，一按电钮，只听"啪！"的一声，小麻雀掉在地上一蹦一蹦的，贝塔的炮弹打中了他的翅膀。

贝塔清楚地看见小麻雀的翅膀上滴着血，他原以为打小麻雀也像打咪丽一样，不会打伤。没想到小麻雀这么娇气，再加上炮弹由花生米换成了石子。

贝塔挺后悔，他把坦克开到小麻雀身旁，可又不敢走出坦克。

贝塔这一炮可把麻雀们吓坏了，他们眼巴巴地看着小麻雀在地上挣扎，眼睁睁地看着坦克朝麻雀开过来，干着急没

bàn fǎ
办法。

　　　　duì le　kuài qù jiào shū kè　　　yì zhī má què hū rán
　　　"对了,快去叫舒克!"一只麻雀忽然
xiǎng dào le shū kè
想到了舒克。

　　　　shū kè shén tōng guǎng dà　zài zhè yí dài yǐ chū le míng
　　　舒克神通广大,在这一带已出了名。
　　　shū kè zhèng zài cā tā de zhí shēng fēi jī　　yì zhī má
　　　舒克正在擦他的直升飞机,一只麻
què qì chuǎn xū xū de fēi guò lái　chà diǎn er zhuàng zài fēi jī
雀气喘吁吁地飞过来,差点儿撞在飞机
shang
上。

　　　　shū kè　kuài qù　bù hǎo le　　　xiǎo má què bèi
　　　"舒克,快去,不好了……小麻雀被……
bèi yí gè guài wù　　dǎ duàn le　　chì bǎng
被一个怪物……打断了……翅膀……"

　　　　ā　　xiǎo má què shì shū kè de hǎo péng yǒu　shū kè
　　　"啊?!"小麻雀是舒克的好朋友,舒克
céng jīng jiù guò tā　tā yě jiù guò shū kè　　shū kè yì tīng shuō
曾经救过他,他也救过舒克。舒克一听说
xiǎo má què yù dào bú xìng　jí de zhí duò jiǎo
小麻雀遇到不幸,急得直跺脚。

　　　　kuài shàng fēi jī　　shū kè hé nà zhī má què zuān jìn
　　　"快上飞机!"舒克和那只麻雀钻进
zhí shēng fēi jī　　bú dào miǎo zhōng　zhí shēng fēi jī biàn téng
直升飞机。不到5秒钟,直升飞机便腾

空而起，以最快的速度朝出事的地方飞去。

正当贝塔犹豫着是不是应该出去给小麻雀道歉时，忽然听见天上传来一阵发动机的声音。他往上一看，是一架直升飞机。贝塔在电视里见过这玩意儿，似乎也挺厉害。

舒克操纵飞机下降高度，看清了，那怪物是一辆坦克。舒克决定先把小麻雀救出去再收拾那坏蛋坦克。

直升飞机在坦克上空盘旋，贝塔弄不清它要干什么。只见飞机下边伸出来一根绳子，飞机上的麻雀喳喳地叫着，受伤的小麻雀抓住绳子头儿，被救上去

le
了。

bèi tǎ xīn li tǐng bú shì zī wèi er   tā yǒu diǎn er hèn
贝塔心里挺不是滋味儿，他有点儿恨

nà jià zhí shēng fēi jī   shuō bù qīng wèi shén me
那架直升飞机，说不清为什么。

第 6 集

舒克的直升飞机和贝塔的坦克之间
展开的一场大战

正当贝塔准备开着坦克离开这块是
非之地时,坦克猛烈地晃动了一下,他的
头重重地撞在炮膛上,起了一个大包。

只听一阵飞机轰鸣声由近而远。

当贝塔还没明白过来是怎么回事时,
坦克又一次震动,贝塔的头也就又撞了
一次炮膛,两个大包了。

一阵飞机轰鸣声由近而远。

贝塔清醒了，他一面捂着脑袋一面往外看，原来是那架米黄色的直升飞机故意使劲地往贝塔的坦克身上落。贝塔火了。他找出坦克帽戴在头上，这样就不怕撞了。他又把坦克发动起来，停在原地不动，等着直升飞机再一次往下压他的坦克。

舒克的直升飞机第三次降下来压贝塔的坦克，就在直升飞机的轮子刚要撞着坦克时，贝塔操纵坦克躲开了，舒克的直升飞机控制不住，撞在地上，把地撞了一个坑。

贝塔操纵坦克来了个一百八十度的转弯，全速朝舒克的直升飞机撞过来。

舒克毕竟是有丰富经验的飞行员，就在坦克要撞上飞机的一刹那，直升飞机拉起来了，而贝塔的坦克刹不住车，撞在一棵树上，把树撞倒了。幸亏贝塔戴着坦克帽，要不然头上又该多一个大包了。

这次贝塔可真生气了，他瞄准悬在前方空中的直升飞机就是一炮，直升飞机被打穿了一个小窟窿。舒克害怕了，连忙把飞机拉得高高的。

"这家伙真坏，仗着自己有大炮就欺负人。"舒克看看躺在机舱里受伤的小麻雀，心想，一定要治治这个开坦克的坏蛋。

舒克开着直升飞机离开了贝塔的坦克，他到河边装石头去了。贝塔以为自己把直升飞机打跑了，正得意地吃花生米呢！

"嗵！"舒克从天上往下扔石头，就像飞机扔炸弹一样。石头砸在坦克上，几乎砸穿了车身。

贝塔开着坦克就跑，舒克驾驶着直升飞机在天上追，边追边扔石头，可是，不是扔早了就是扔晚了，再加上贝塔一会儿开快，一会儿开慢，老砸不着。

贝塔看见前方有一片小树林，想出了一个好主意，他操纵坦克用最大速度朝小树林驶去，舒克在空中紧追。

贝塔的坦克钻进了小树林，舒克的直升飞机也在小树林中穿行。贝塔的坦克

yí huì er wǎng zuǒ guǎi yí huì er wǎng yòu guǎi zhōng yú shū
一会儿往左拐，一会儿往右拐。终于，舒
kè de zhí shēng fēi jī bèi guà zài shù shang le
克的直升飞机被挂在树上了。

zhè xià bèi tǎ kě dé yì le tā wǎng pào táng li zhuāng
这下贝塔可得意了，他往炮膛里装
le yì kē dà pào dàn miáo zhǔn le zhí shēng fēi jī de jià shǐ
了一颗大炮弹，瞄准了直升飞机的驾驶
cāng dàn shì bèi tǎ de shǒu méi yǒu àn diàn niǔ tā yě bù zhī
舱，但是贝塔的手没有按电钮，他也不知
wèi shén me
为什么。

舒克清清楚楚地看见坦克的炮口对着自己，他一点儿办法也没有，只好闭上眼睛等着坦克开炮。

就在这时，几十只麻雀飞来落在挂着直升飞机的树枝上，一起使劲儿摇着树枝，直升飞机掉下来了，就在接地的一刹那，飞机的螺旋桨起动了，直升飞机拔地而起。

"这家伙技术真不错！"贝塔不得不承认。

zhí shēng fēi jī fēi zǒu le　　zhè cì dà zhàn xuān gào jié
直 升 飞 机 飞 走 了，这 次 大 战 宣 告 结

shù shéi yě méi yíng shéi yě méi shū　　bèi tǎ zhēn méi xiǎng dào
束，谁 也 没 赢，谁 也 没 输。贝 塔 真 没 想 到，

wài mian de shì jiè zhè me fù zá　　gāng chū lái jiù dǎ le yí
外 面 的 世 界 这 么 复 杂，刚 出 来 就 打 了 一

zhàng zǒng suàn hái píng ān　　bèi tǎ yǒu diǎn er lèi　tā jiǎn chá
仗，总 算 还 平 安。贝 塔 有 点 儿 累，他 检 查

le yí biàn cāng gài er què shí suǒ láo le　jiù tǎng zài tā de ruǎn
了 一 遍 舱 盖 儿 确 实 锁 牢 了，就 躺 在 他 的 软

chuáng li shuì jiào le
床 里 睡 觉 了。

第 7 集

　　bèi tǎ de tǎn kè fēi dào le tiān shàng
　　贝塔的坦克飞到了天上；

　　tǎn kè hé fēi jī zài kōng zhōng tóng lǎo yīng zhǎn kāi le yì
　　坦克和飞机在空中同老鹰展开了一

cháng jīng xīn dòng pò de kōng zhàn
场惊心动魄的空战

　　bèi tǎ shuì de mí mí hú hú de　　hū rán jué de shēn tǐ
　　贝塔睡得迷迷糊糊的，忽然觉得身体

yáo huàng qǐ lái　　tā zhēng kāi yǎn jing yí kàn　　zì jǐ hái zài tǎn
摇晃起来，他睁开眼睛一看，自己还在坦

kè li　　shì zuò mèng ma　　bèi tǎ pá qǐ lái　　pā zài qián wàng
克里。是做梦吗？贝塔爬起来，趴在潜望

jìng shang wǎng wài yí kàn　　chà diǎn er jiào chū shēng lái　　　　tā
镜上往外一看，差点儿叫出声来——他

de tǎn kè fēi qǐ lái le　　wài mian shì lán tiān　　xià biān shì dà
的坦克飞起来了，外面是蓝天，下边是大

dì
地。

　　bèi tǎ róu rou yǎn jing　　méi cuò　　tā de tǎn kè shàng tiān
　　贝塔揉揉眼睛，没错，他的坦克上天

了！这是怎么回事？

贝塔把发动机发动起来，没用，车轮只能空转。

贝塔忽然听见头顶上有飞机的声音，他把炮塔上的舱盖儿打开一条小缝儿，往上一看，那架直升飞机用绳子把他的坦克给吊起来了。

原来，舒克和小麻雀们昨天晚上商量了一下，觉得这辆来历不明的坦克严重危害大家的安全，舒克想了这么个办法，用他的直升飞机把坦克吊到远远的地方。于是，趁贝塔睡觉的工夫，大家悄悄地用绳子把贝塔的坦克捆了起来。天一亮，舒克就驾驶着直升飞机把贝塔和他

de tǎn kè yì qǐ diào dào le kōng zhōng
的坦克一起吊到了空中。

xiàn zài shū kè zhèng yòng zuì dà sù dù diào zhe bèi tǎ
现在，舒克正用最大速度吊着贝塔

de tǎn kè cháo xī běi fāng xiàng fēi qù tā yě bù zhī dào bǎ tǎn
的坦克朝西北方向飞去，他也不知道把坦

kè yùn dào nǎ er qù fǎn zhèng yuè yuǎn yuè hǎo
克运到哪儿去，反正越远越好。

bèi tǎ jí le tā wǎng pào táng li sāi le yì kē pào
贝塔急了，他往炮膛里塞了一颗炮

dàn kě tā de pào kǒu bù néng wǎng shàng tái jiǔ shí dù shè jī
弹，可他的炮口不能往上抬九十度射击。

bèi tǎ àn zhù pào tǎ xuán zhuǎn àn niǔ bú fàng tā de pào tǎ
贝塔按住炮塔旋转按钮不放，他的炮塔

fā fēng yí yàng de xuán zhuǎn qǐ lái kě shéng zi shì kǔn zài pào
发疯一样地旋转起来，可绳子是捆在炮

tǎ shang de yì diǎn er yòng yě méi yǒu bèi tǎ de tóu dōu
塔上的，一点儿用也没有。贝塔的头都

zhuàn yūn le tā yì sōng kāi àn niǔ nǐng chéng má huā de shéng
转晕了，他一松开按钮，拧成麻花的绳

zi yòu wǎng huí zhuàn zhěng gè tǎn kè yě gēn zhe wǎng huí zhuàn
子又往回转，整个坦克也跟着往回转，

zhuàn de tā dōu kuài tù le
转得他都快吐了。

hū rán bèi tǎ jué de shàng mian wǎng xià dī shuǐ tā hái
忽然，贝塔觉得上面往下滴水，他还

yǐ wéi xià yǔ le tǐng gāo xìng bèi tǎ yì tiān méi hē shuǐ le
以为下雨了，挺高兴，贝塔一天没喝水了。

舒克和贝塔历险记
SHUKEHEBEITA LIXIAN JI

他立刻把嘴接在滴水的地方，哎呀，真臊，不是雨，是尿。原来舒克怕绳子不结实，才急中生智想出了这个办法，把绳子弄湿了不就不会断了吗？贝塔知道又上当了，可他干着急，干生气，一点儿办法也没有。

舒克觉得飞得够远的了，即使这

辆坦克日夜兼程 往回开，也得开上三天三夜。他准备找一个合适的地方着陆。

就在这时，舒克发现在他的直升飞机上方出现了一个黑点儿。那黑点儿越来越大，舒克觉得脖子后面有点儿发凉。他看清楚了，那是一只老鹰！

老鹰的眼睛最尖，他一眼就看清楚直升飞机里的舒克是他喜欢吃的食物，他收拢翅膀，飞快地俯冲下来。

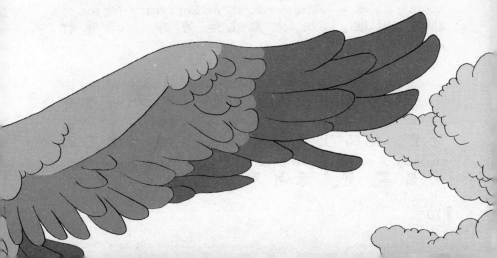

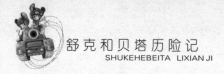
你说怪不怪，贝塔没看见老鹰，但他也本能地预感到有危险就要降临，脖子后面也发凉。

就在老鹰扑过来的一瞬间，舒克拉起了直升飞机，老鹰扑了个空。

贝塔从潜望镜里看清楚了，是一只老鹰！老鹰转过身子，又扑过来。

贝塔的炮里正好有一发炮弹，他瞄准老鹰就是一炮，没打中。在空中射击非常困难，双方都在运动中，很难打中。

舒克发现吊在下面的坦克冲老鹰开炮了，他马上把这个敌人当成了自己的同盟军。舒克原打算立即把坦克扔下去，吊着它非常不灵活，很难躲过老鹰的袭击。现在，舒克决定不抛弃自己的同盟军了。

老鹰又扑过来了。

贝塔装上一发大炮弹，瞄准了目标。

近些，再近些！贝塔的手直哆嗦，他看清了老鹰那带勾的嘴和刀子一样锋利的爪子。就在老鹰的爪子刚要抓住吊坦克的绳子时，贝塔按下了射击按钮。

打中了！老鹰掉了下去，但马上又飞了起来，老鹰毕竟是老鹰，不像麻雀那样娇气。

老鹰没想到对手还有武器，他同直

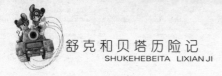
升飞机保持了一段距离，在想对策。

"这家伙还真有两下子！"舒克到现在还不知道坦克里是谁，不过他已经喜欢上他了。舒克忽然想起直升飞机里的电台，他戴好耳机，对着话筒喊起来。

贝塔的坦克里也有电台，贝塔不知道它的用处。现在电台里传出了声音，贝塔觉得挺好玩。

"喂！喂！喂！"舒克呼叫。

"干吗？干吗？"

"我是舒克！"

"什么舒克？"

"飞行员舒克。"

"啊？就是你把我吊到天上来的！"

"真对不起，你是谁？"

"不告诉你。"

贝塔不愿意让人家知道他的身分，他觉得这个世界上谁都可以欺负他。

"谢谢你开炮打跑了老鹰。"

"这算什么，我还没使劲儿打呢！"

"咱们交个朋友吧！"

"你先把我放到地上去。"

"不好，老鹰又来了！"

贝塔一看，可不是嘛，狡猾的老鹰从下面往上飞扑过来。贝塔的炮打不着他。

"降低高度！"贝塔命令。

"明白！"舒克操纵飞机急速下降。

73

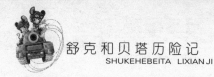

贝塔的炮口瞄准了老鹰。

"这次你使劲儿按炮钮。"舒克说。

"少废话！"

又打中了！看来这次老鹰疼得够呛，挣扎着逃跑了。

舒克和贝塔胜利了。

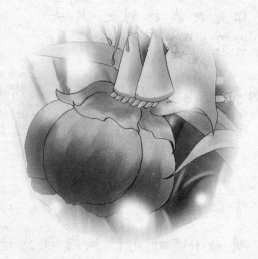

第 8 集

shū kè de zhí shēng fēi jī huài le
舒克的直升飞机坏了；

shū kè hé bèi tǎ jiàng luò zài yí gè mò shēng de dì
舒克和贝塔降落在一个陌生的地

fang
方；

tā liǎ zhōng yú jiàn miàn le
他俩终于见面了

shū kè xiàn zài duì diào zài xià mian de zhè ge méng jūn pèi
舒克现在对吊在下面的这个盟军佩

fú de wǔ tǐ tóu dì
服得五体投地。

nǐ zhēn xíng
"你真行！"

shǎo lái zhè tào   bèi tǎ xiǎng qǐ shū kè bǎ tā diào
"少来这套。"贝塔想起舒克把他吊

dào tiān shàng lái jiù yǒu qì   lián zhāo hu yě bù dǎ
到天上来就有气，连招呼也不打！

wǒ xiàn zài jiù sòng nǐ huí qù   shū kè xiǎng qǐ zì
"我现在就送你回去。"舒克想起自

jǐ bǎ rén jiā diào dào tiān shàng lái   xīn li tǐng guò yì bú qù
己把人家吊到天上来，心里挺过意不去。

tā kāi shǐ cāo zòng zhí shēng fēi jī fǎn háng le
他开始操纵直升飞机返航了。

zhè hái chà bu duō   bèi tǎ wǎng zuǐ li sāi le yì kē
"这还差不多。"贝塔往嘴里塞了一颗

huā shēng mǐ   nǐ gāng cái wǎng xià sā niào le
花生米，"你刚才往下撒尿了？"

shì   wǒ pà diào tǎn kè de shéng zi tài gān zào huì duàn
"是，我怕吊坦克的绳子太干燥会断。"

wǒ yǐ wéi shì wǎng xià lín shuǐ ne   jiù shēn zuǐ jiē zhe
"我以为是往下淋水呢，就伸嘴接着，

shàng nǐ de dàng le
上你的当了！"

shí zài bào qiàn   shū kè shuō wán jué de fā dòng jī
"实在抱歉！"舒克说完觉得发动机

de shēng yīn yǒu xiē bú zhèng cháng   zāo gāo   fēi jī chū gù zhàng
的声音有些不正常，糟糕，飞机出故障

le
了！

zhù yì   fēi jī chū gù zhàng   mǎ shàng yào pò jiàng
"注意，飞机出故障，马上要迫降！"

shū kè tōng zhī bèi tǎ
舒克通知贝塔。

shén me pò fēi jī   bái gěi wǒ dōu bú yào   bèi tǎ
"什么破飞机，白给我都不要！"贝塔

zuǐ shang zhè me shuō   xīn li tǐng hài pà   tā zhī dào   fēi jī
嘴上这么说，心里挺害怕。他知道，飞机

要是掉下去，他就没命了。

舒克发现地面上有一座城堡，他想操纵飞机绕过这座城堡，降落在野地里。可飞机已经不听他的话了，一个劲儿往下掉。没办法，只好在城堡里着陆了。

如果舒克知道这是一座什么城堡的话，那他宁愿摔死也不敢在这里降落。这是一座猫城——克里斯王国。克里斯王国的所有公民都是猫。

舒克总算平安地把飞机降落在一块开阔地上，坦克先着陆，直升飞机落在一旁。

贝塔从潜望镜里看着停在一旁的直升飞机，他想看看这个同盟军是什么模

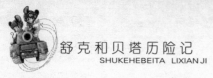

yàng
样。

zhí shēng fēi jī de cāng mén dǎ kāi le   bèi tǎ bù xiāng
直升飞机的舱门打开了，贝塔不相

xìn zì jǐ de yǎn jing   zěn me   fēi xíng yuán shū kè yě hé tā
信自己的眼睛。怎么？飞行员舒克也和他

bèi tǎ yí yàng   shì lǎo shǔ
贝塔一样，是老鼠？！

shū kè tiào xià fēi jī   bǎ xuán diào bèi tǎ tǎn kè de
舒克跳下飞机，把悬吊贝塔坦克的

shéng zi jiě kāi shōu hǎo
绳子解开收好。

shū kè zhèng zhǔn bèi xiū lǐ fēi jī   tā tū rán dāi zài nà
舒克正准备修理飞机，他突然呆在那

lǐ　　yí dòng bú dòng　　shū kè hé bèi tǎ　jī hū shì tóng shí kàn
里，一动不动。舒克和贝塔几乎是同时看

jiàn yuǎn chù yǒu sān zhī chuān zhe jūn zhuāng de māo
见远处有三只穿着军装的猫。

　　　　kuài jìn lái　　bèi tǎ dǎ kāi tǎn kè cāng gài er　shū
"快进来！"贝塔打开坦克舱盖儿，舒

kè xiǎng le yí xià　　　jué de tǎn kè bǐ fēi jī yào ān quán　yīn
克想了一下，觉得坦克比飞机要安全，因

wèi fēi jī yǐ jing bù néng fēi le
为飞机已经不能飞了。

　　　shū kè jí máng zuān jìn le bèi tǎ de tǎn kè　bèi tǎ bǎ
舒克急忙钻进了贝塔的坦克。贝塔把

gài er gài jǐn　suǒ láo
盖儿盖紧，锁牢。

"怎么，你也是……"舒克真没想到这个英雄的同盟军竟是自己的同胞。

"我叫贝塔。"能见到自己的同胞，贝塔真高兴。

"你看。"贝塔看见那三只猫士兵朝坦克走过来。

"别怕。"舒克安慰贝塔，其实他的心跳得特快。

第 9 集

shū kè bú ràng bèi tǎ kāi pào dǎ māo xiàn bīng
舒克不让贝塔开炮打猫宪兵；

bèi tǎ jià shǐ tǎn kè shuǎi diào māo xiàn bīng
贝塔驾驶坦克甩掉猫宪兵；

shū kè bèi tǎ bèi bāo wéi
舒克贝塔被包围

sān zhī chuān jūn zhuāng de māo xiàn bīng cháo shū kè hé bèi
三只穿军装的猫宪兵朝舒克和贝

tǎ zǒu guò lái bèi tǎ bǎ tǎn kè cāng gài er suǒ láo tā liǎ
塔走过来，贝塔把坦克舱盖儿锁牢。他俩

de xīn zàng fā chū tōng tōng tōng de xiǎng shēng xià de lián
的心脏发出"通！通！通"的响声，吓得连

dà qì yě bù gǎn chū
大气也不敢出。

bèi tǎ pā zài qián wàng jìng shang kàn jiàn māo xiàn bīng yuè
贝塔趴在潜望镜上，看见猫宪兵越

zǒu yuè jìn
走越近。

nǐ de fēi jī zěn me wéi xiū de gòu qiàng bèi tǎ
"你的飞机怎么维修的？够呛！"贝塔

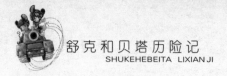
小声埋怨舒克。他太怕猫了。

"从来没出过故障！准是你的坦克太重了！"舒克把责任推到贝塔身上。

"我又没请你把我的坦克吊到天上！"贝塔生气了。

"算了算了。"舒克觉得现在不是吵嘴的时候，"快看看，他们要干什么？"

通过潜望镜，贝塔看见三只猫宪兵站在坦克前面，他们好奇地看着坦克，其中一只猫还摸摸坦克的履带。另一只猫宪兵朝舒克的直升飞机走过去。

贝塔往炮膛里装了一发石子炮弹，瞄准了一只猫。

"别打！"舒克小声说。

"干吗？"贝塔不明白。

"现在他们不知道坦克里边是什么东西，你一开炮，他们该报复咱们了。再说，咱们还不知道这是座什么城堡，看样子想逃出去不大容易，还是让他们弄不清咱们的底细安全些。"

贝塔觉得舒克说得挺有道理，没开炮。

"那咱们也不能老呆在这儿呀！"贝塔实在害怕这三只猫。

"咱们去别处看看，先躲开猫再说！"舒克也怕猫。那次他去赴蚂蚁皇后的宴会时，差点儿被小花猫吃了的经历一直没忘，想起来身上就发抖。

zhè shí   yì zhī māo pá shàng le tǎn kè
这时，一只猫爬上了坦克。

bèi tǎ àn le qǐ dòng àn niǔ   tǎn kè měng rán xiàng qián
贝塔按了起动按钮，坦克猛然向前

kāi qù bǎ nà zhī māo shuǎi dào dì shang
开去，把那只猫甩到地上。

sān zhī māo xiàn bīng dìng le dìng shén er gēn zài tǎn kè hòu
三只猫宪兵定了定神儿，跟在坦克后

mian zhuī shàng lái
面追上来。

kuài zài kuài diǎn er   shū kè cuī bèi tǎ
"快，再快点儿！"舒克催贝塔。

bèi tǎ yǐ jiāng sù dù àn niǔ àn dào dǐ le   tǎn kè hū
贝塔已将速度按钮按到底了，坦克呼

xiào zhe cháo qián shǐ qù
啸着朝前驶去。

nǐ de fēi
"你的飞

jī bú yào le
机不要了？"

bèi tǎ biān kāi biān
贝塔边开边

wèn
问。

xiān bǎ zhè
"先把这

sān zhī māo yǐn kāi yí huì er huí lái xiū
三只猫引开，一会儿回来修。"

zhè jiā huo tǐng guǐ bèi tǎ xiǎng tā bù dé bù chéng
"这家伙挺鬼！"贝塔想。他不得不承

rèn shū kè diǎn zi duō
认舒克点子多。

shū kè kàn jiàn tǎn kè li yǒu huā shēng mǐ ná qǐ yì
舒克看见坦克里有花生米，拿起一

kē
颗。

kě yǐ ma shū kè yì biān wǎng zuǐ li sòng yì biān
"可以吗？"舒克一边往嘴里送一边

wèn
问。

bèi tǎ diǎn dian tóu shū kè dà kǒu dà kǒu de chī qǐ
贝塔点点头。舒克大口大口地吃起

来。

绕过两座房子，坦克来到街上。

潜望镜里的情景使贝塔大吃一惊，他操纵坦克来了个急刹车。舒克的头重重地撞在舱壁上。

"你干什么？"舒克火了，"刹车也不告诉一声！"

"你看！"贝塔离开潜望镜，让舒克看。

舒克趴在潜望镜上一看，心脏几乎停止了跳动——街上到处都是猫。

"倒车！"舒克忙说。

坦克掉过头，朝相反方向开去。没开多远，又是一个急刹车。

shū kè hé bèi tǎ zhōng yú míng bai le　　zhè shì yí zuò
舒克和贝塔终于明白了，这是一座

māo chéng
猫 城 。

zhè shí　　jiē shang de māo dōu bèi zhè ge xīn qí de wán yì
这时，街上的猫都被这个新奇的玩艺

er xī yǐn zhù le　　cháo shuǐ bān de cháo tǎn kè wéi guò lái
儿吸引住了，潮水般地朝坦克围过来。

shū kè hé bèi tǎ wú lù kě táo le
舒克和贝塔无路可逃了。

第 10 集

bèi tǎ yòng pào tǎ bǎ māo gōng mín men xià pǎo
贝塔用炮塔把猫公民们吓跑；

māo xiàn bīng bǎ tǎn kè fān le gè dǐ cháo tiān
猫宪兵把坦克翻了个底朝天；

tǎn kè biàn chéng le qián shuǐ tǐng
坦克变成了潜水艇；

shū kè hé bèi tǎ bèi huó zhuō
舒克和贝塔被活捉

fǎn zhèng tā men dǎ bù kāi tǎn kè de cāng gài er
"反正他们打不开坦克的舱盖儿！"

bèi tǎ zì jǐ gěi zì jǐ zhuàng dǎn er   qí shí tā de tuǐ zhí
贝塔自己给自己壮胆儿。其实他的腿直

duō suo
哆嗦。

jiù shì   bié kàn tā men shì māo   gēn běn zhì bú zhù tǎn
"就是！别看他们是猫，根本治不住坦

kè   shū kè yě yì biān fā dǒu yì biān gěi zì jǐ gǔ jìn er
克！"舒克也一边发抖一边给自己鼓劲儿。

bèi tǎ yòu jiǎn chá le yí biàn cāng gài er   què shí suǒ láo
贝塔又检查了一遍舱盖儿，确实锁牢

88

了。

这时，几百只猫把坦克围得水泄不通。

他们的议论声传进了坦克里。

"这是什么东西？"

"不知道。"

"没见过。"

"从哪儿来的？"

"听说是从天上掉下来的。"

"天上？"

"能打开吗？"

"试试。"

于是就传来了"哧"、"哧"的抓坦克舱盖儿的声音。

舒克和贝塔紧紧靠在一起，眼睛死盯着舱盖儿。

舒克想起了小花猫。贝塔想起了咪丽。他俩几乎是同时蹦起来。

"咱们不能等死！"舒克说。

"就是，拼拼看！"贝塔立即支持。

贝塔坐到驾驶座上。舒克坐在炮长的位置上。他们系好安全带。

"我转炮塔，吓他们一下。"贝塔让舒克做好准备。

"转吧！"舒克说。

"你不怕晕吧？"贝塔问。

"飞行员还有怕晕的？"舒克觉得贝塔太小看他了。

90

"好，那我就转了。"贝塔按下炮塔旋转按钮。

坦克上的炮塔飞快地旋转起来，炮管把好几只猫撞出去老远。

克里斯王国的公民们吓坏了，他们扭头就跑，边跑边发出尖叫声。他们弄不清这是什么怪物。

猫们发现怪物没追上来，才停住，站在老远的地方胆怯地望着坦克。

"他们怕我的坦克！"贝塔兴奋了。

"他们怕咱们！"舒克也来劲儿了。

原来猫也是胆小鬼！舒克和贝塔决定治治这些老鼠的冤家。

"用坦克撞他们！"舒克提议。

　　xíng　　　　bèi tǎ fā dòng le tǎn kè　yì tuī cāo zòng
　"行！"贝塔发动了坦克，一推操纵

gān　tǎn kè de lǚ dài fēi kuài de zhuàn qǐ lái
杆，坦克的履带飞快地转起来。

"哎，坦克怎么不动呀！"贝塔从潜望镜往外一看，坦克纹丝不动，可履带却在转。

舒克凑过去一看，慌了。两只猫宪兵把坦克抬起来了，坦克的轮子空转呢！

紧接着，舒克和贝塔只觉得天旋地转，他俩头朝下了！要不是系着安全带，非得重重地撞一下头不可。

原来是猫宪兵把坦克翻过来了。坦克

舒克和贝塔历险记
SHUKEHEBEITA LIXIANJI

轮子朝天，任贝塔怎么加大速度，轮子也只能空转。

贝塔和舒克傻眼了。

看到怪物被治住了，吓跑的猫公民们又慢慢围拢过来，但他们做好了随时跑的准备。

"这回安全了，舱盖儿想打也打不开了。"贝塔说，他头朝下吊着。

"我的头有点儿受不了了。"舒克也是头朝下，他的脸憋紫了。

"飞行员还怕头朝下？"贝塔撇撇嘴。

舒克不吭气了。他原想解开安全带，把身子正过来，可又怕贝塔笑话他——飞行员还不如坦克兵。舒克只好忍着。

94

其实贝塔也快不行了，但他下决心一定要坚持到舒克忍不住为止，煞煞他那飞行员的优越感。

"把这怪物扔到池塘里去吧，放在大街上太危险。"一只猫提议。

所有的猫都赞成这个办法。

舒克和贝塔的心本来就快到嗓子眼儿了——现在他俩的心差点儿从嘴里掉出来。

坦克被翻过来了，猫公民们抬着坦克朝池塘走去。

舒克和贝塔慌了。

"你这坦克漏水吗？"舒克问。

"又不是船，当然漏。"贝塔说。

"咱们要是鱼就好了。"

"我可不愿意当鱼。"

"怎么?"

"当鱼还得让猫吃!"

"真是的。那咱们要是乌龟就好了。"

"少废话,想点儿办法吧!"

贝塔把床上的棉花拿起来,见缝儿就塞。舒克也学着贝塔的样子堵缝儿。

通过潜望镜,贝塔看见他们的坦克已被抬到池塘边上。

"一、二、三!"猫们一起使劲儿,只听"扑通"一声,坦克被扔进池塘里。

还好,坦克里边没进水!舒克和贝塔只觉得气短,呼吸越来越急促。

"糟糕，坦克里快没空气了。"贝塔说。

"把炮管抬起来，说不定能伸出水面。"舒克灵机一动。

贝塔按电钮操纵炮管往上抬，炮管果真伸出了水面。

"快，把炮弹退出来！"舒克说。

贝塔把炮弹从炮膛里退出来，然后把嘴对在炮膛上，有空气了！坦克变成了潜水艇。

"你来！"贝塔让给舒克。

舒克只吸了一口，又让给贝塔。

"你多吸两口！"贝塔说。

"我是飞行员，体质好。"舒克说。

又来了,贝塔最讨厌舒克跟他摆飞行员架子。

"我的体质也不差!"贝塔赌气,不吸。

舒克呼吸越来越急促。

贝塔也快挺不住了。可谁也不去吸空气。不过,他俩的头不由自主地离炮膛越来越近。

贝塔忽然觉得脚有点儿凉,他低头一看,坦克漏水了。贝塔忙拿棉花去堵漏洞。舒克也帮着堵。

漏进来的水越来越多,已经没到舒克和贝塔的胸部了,水位还在上涨。

"等舱里的水满了,咱们也就完了。"舒克耸耸肩膀。

"好在你是飞行员，体质好，不怕。"贝塔冲舒克挤挤眼睛。

"当然。不过……"舒克喝了一口水。水已经到他下巴了。

"出去吧？"贝塔问。

"当然。等着淹死不如出去碰碰运气。"舒克脱下套在飞行服外面的救生衣，递给贝塔，"你穿吧，这是救生衣，能浮在水面上。"

"不要，我会游泳。"贝塔摇摇头。

"穿上吧！我……体质好。"舒克没敢再提飞行员。

贝塔穿上了救生衣。冲舒克笑笑。

这时，坦克舱里的水已经快满了。贝

舒克和贝塔历险记

SHUKEHEBEITA LIXIAN JI

塔恋恋不舍地看看自己心爱的坦克，打开了舱盖儿。

舒克和贝塔钻出坦克，向上游去，把头露出水面。

池塘四周都是看热闹的猫。他们看见舒克和贝塔，叫起来，几只猫跑去拿来打鱼的大网，把舒克和贝塔网住了。

第 11 集

<ruby>克<rt>kè</rt></ruby> <ruby>里<rt>lǐ</rt></ruby> <ruby>斯<rt>sī</rt></ruby> <ruby>王<rt>wáng</rt></ruby> <ruby>国<rt>guó</rt></ruby> <ruby>的<rt>de</rt></ruby> <ruby>猫<rt>māo</rt></ruby> <ruby>没<rt>méi</rt></ruby> <ruby>有<rt>yǒu</rt></ruby> <ruby>见<rt>jiàn</rt></ruby> <ruby>过<rt>guò</rt></ruby> <ruby>老<rt>lǎo</rt></ruby> <ruby>鼠<rt>shǔ</rt></ruby>；

<ruby>猫<rt>māo</rt></ruby> <ruby>公<rt>gōng</rt></ruby> <ruby>民<rt>mín</rt></ruby> <ruby>帮<rt>bāng</rt></ruby> <ruby>助<rt>zhù</rt></ruby> <ruby>舒<rt>shū</rt></ruby> <ruby>克<rt>kè</rt></ruby> <ruby>和<rt>hé</rt></ruby> <ruby>贝<rt>bèi</rt></ruby> <ruby>塔<rt>tǎ</rt></ruby> <ruby>打<rt>dǎ</rt></ruby> <ruby>捞<rt>lāo</rt></ruby> <ruby>坦<rt>tǎn</rt></ruby> <ruby>克<rt>kè</rt></ruby>；

<ruby>飞<rt>fēi</rt></ruby> <ruby>行<rt>xíng</rt></ruby> <ruby>表<rt>biǎo</rt></ruby> <ruby>演<rt>yǎn</rt></ruby>

<ruby>舒<rt>shū</rt></ruby> <ruby>克<rt>kè</rt></ruby> <ruby>和<rt>hé</rt></ruby> <ruby>贝<rt>bèi</rt></ruby> <ruby>塔<rt>tǎ</rt></ruby> <ruby>被<rt>bèi</rt></ruby> <ruby>克<rt>kè</rt></ruby> <ruby>里<rt>lǐ</rt></ruby> <ruby>斯<rt>sī</rt></ruby> <ruby>王<rt>wáng</rt></ruby> <ruby>国<rt>guó</rt></ruby> <ruby>的<rt>de</rt></ruby> <ruby>猫<rt>māo</rt></ruby> <ruby>公<rt>gōng</rt></ruby> <ruby>民<rt>mín</rt></ruby> <ruby>们<rt>men</rt></ruby> <ruby>用<rt>yòng</rt></ruby> <ruby>渔<rt>yú</rt></ruby> <ruby>网<rt>wǎng</rt></ruby> <ruby>从<rt>cóng</rt></ruby> <ruby>池<rt>chí</rt></ruby> <ruby>塘<rt>táng</rt></ruby> <ruby>里<rt>li</rt></ruby> <ruby>捞<rt>lāo</rt></ruby> <ruby>了<rt>le</rt></ruby> <ruby>上<rt>shàng</rt></ruby> <ruby>来<rt>lái</rt></ruby>。

<ruby>舒<rt>shū</rt></ruby> <ruby>克<rt>kè</rt></ruby> <ruby>和<rt>hé</rt></ruby> <ruby>贝<rt>bèi</rt></ruby> <ruby>塔<rt>tǎ</rt></ruby> <ruby>明<rt>míng</rt></ruby> <ruby>白<rt>bai</rt></ruby>，<ruby>他<rt>tā</rt></ruby> <ruby>俩<rt>liǎ</rt></ruby> <ruby>的<rt>de</rt></ruby> <ruby>末<rt>mò</rt></ruby> <ruby>日<rt>rì</rt></ruby> <ruby>到<rt>dào</rt></ruby> <ruby>了<rt>le</rt></ruby>。

“<ruby>再<rt>zài</rt></ruby> <ruby>见<rt>jiàn</rt></ruby> <ruby>了<rt>le</rt></ruby>，<ruby>飞<rt>fēi</rt></ruby> <ruby>行<rt>xíng</rt></ruby> <ruby>员<rt>yuán</rt></ruby> <ruby>舒<rt>shū</rt></ruby> <ruby>克<rt>kè</rt></ruby>！”<ruby>贝<rt>bèi</rt></ruby> <ruby>塔<rt>tǎ</rt></ruby> <ruby>在<rt>zài</rt></ruby> <ruby>渔<rt>yú</rt></ruby> <ruby>网<rt>wǎng</rt></ruby> <ruby>里<rt>li</rt></ruby> <ruby>递<rt>dì</rt></ruby> <ruby>给<rt>gěi</rt></ruby> <ruby>舒<rt>shū</rt></ruby> <ruby>克<rt>kè</rt></ruby> <ruby>一<rt>yí</rt></ruby> <ruby>个<rt>gè</rt></ruby> <ruby>勉<rt>miǎn</rt></ruby> <ruby>强<rt>qiǎng</rt></ruby> <ruby>的<rt>de</rt></ruby> <ruby>笑<rt>xiào</rt></ruby> <ruby>容<rt>róng</rt></ruby>。

“<ruby>再<rt>zài</rt></ruby> <ruby>见<rt>jiàn</rt></ruby>，<ruby>坦<rt>tǎn</rt></ruby> <ruby>克<rt>kè</rt></ruby> <ruby>兵<rt>bīng</rt></ruby> <ruby>贝<rt>bèi</rt></ruby> <ruby>塔<rt>tǎ</rt></ruby>！”<ruby>舒<rt>shū</rt></ruby> <ruby>克<rt>kè</rt></ruby> <ruby>耸<rt>sǒng</rt></ruby> <ruby>耸<rt>song</rt></ruby> <ruby>鼻<rt>bí</rt></ruby> <ruby>子<rt>zi</rt></ruby>。

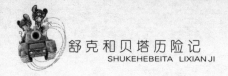
"我真想让你再把我吊到天上。"贝塔说。

"我也想让你用炮再打我一次。"舒克说,"说实话,你的炮打得不赖。"

"说实话,你的体质还真不错,不愧是飞行员。"贝塔说。

渔网被拖上岸了。舒克和贝塔被猫们从渔网里拽出来。他们闭上眼睛,等着猫吃他们。

"这么多猫,还不把我和贝塔撕成碎片啊!"舒克想。

一分钟过去了。两分钟过去了。十分钟过去了。怪事,这些猫干什么哪?

舒克和贝塔睁开眼睛,他俩身边全

是猫。这些猫好奇地看着舒克和贝塔。

贝塔和舒克纳闷了，他们怎么还不吃呀！看什么？难道还有不认识老鼠的猫？

"请吃吧！"舒克实在受不了这种侮辱，他要维护一个飞行员的尊严，"还等什么？"

"吃什么？"一只猫问。

"吃我们呀！"贝塔说。真怪，他现在反而一点儿也不怕了。

"吃你们？你们能吃？"猫公民们惊讶极了。

猫不知道老鼠能吃！

"你们听说过老鼠吗？"舒克心里一动，他问猫公民们。

 舒克和贝塔历险记
SHUKEHEBEITA LIXIAN JI

"老鼠?"猫公民们摇摇头。

原来克里斯王国的猫没见过老鼠,他们这儿从来没有过老鼠!他们不知道猫和老鼠是冤家。

"你们是谁?"一只猫宪兵问。

"我是飞行员舒克。他是坦克兵贝塔。"

"干吗到我们克里斯王国来?"

舒克把他和贝塔怎么在天上遇到老鹰,飞机怎么出了故障,以及他们怎么在克里斯王国迫降等等,统统讲了一遍。

"飞机真能飞到天上去?"猫们不信。

"池塘里那怪物是坦克?"猫公民们感兴趣了。

104

他们决定帮舒克和贝塔把坦克从池塘里捞上来。他们有的去捞坦克，有的给贝塔和舒克端水喝。

在舒克和贝塔心目中，猫是凶恶的化身。他们万万没想到，猫还会笑着说话，还会这么热情。

坦克捞上来了，贝塔和舒克在猫公民的帮助下，把坦克车身上的水擦干净。

虽然同猫在一起干活舒克和贝塔还不大适应，但他俩觉得这些猫仗义。

"真对不起！"一只猫说。

他大概是世界上第一只给老鼠道歉的猫。舒克和贝塔激动得不知说什么好。

"要是世界上的猫都像他这样就好

了。"贝塔想。

"没关系。"舒克说。

坦克擦干净了,贝塔钻进去,试试车,发动机正常。

"给我们表演一下行吗?"一只猫提议。

"当然可以!"贝塔很乐意显示一下自己高超的驾驶技术。他招呼舒克进来。

舒克也钻进坦克,坐在贝塔旁边。

贝塔猛一按启动电钮,坦克风驰电掣般地围着猫公民们绕开了圈子。猫公民们的身体跟着坦克转,他们的头都快转晕了。贝塔的坦克开得快极了,几乎只能看见一道光圈围着猫公民们转。

"开一炮，让他们看看！"舒克说，他从炮弹箱里取出一发石子炮弹，递给贝塔。

贝塔把坦克停住，将炮弹塞进炮膛，瞄准一棵大树上的树叶，按下了射击按钮。

树叶被打掉了好几片。

猫公民们欢呼起来。

"我也能打落树叶。"舒克觉得树上那么多树叶，随便射击都能打掉几片。

"我是瞄准这几片树叶开炮的！"贝塔吹牛了。

舒克撇嘴。

"能让我们看看飞机上天吗？"等坦

舒克和贝塔历险记
SHUKEHEBEITA LIXIAN JI

kè tíng xià lái　　yì zhī māo pā zài tǎn kè shang wèn shū kè hé bèi
克停下来，一只猫趴在坦克上问舒克和贝
tǎ
塔。

　　　dāng rán kě yǐ　　　shū kè lái jìn er le　　　wǒ xiān qù
　　"当然可以！"舒克来劲儿了，"我先去
bǎ fēi jī xiū hǎo
把飞机修好。"

　　　kè lǐ sī wáng guó de māo gōng mín men tái qǐ bèi tǎ de
　　克里斯王国的猫公民们抬起贝塔的
tǎn kè　　hào hào dàng dàng de cháo shū kè de zhí shēng fēi jī zǒu
坦克，浩浩荡荡地朝舒克的直升飞机走
qù　　bèi tǎ hé shū kè zhàn zài tǎn kè de pào tǎ shang　shén qì
去。贝塔和舒克站在坦克的炮塔上，神气
jí le
极了。

　　　zhí shēng fēi jī de fā dòng jī chū le gù zhàng　　shū kè
　　直升飞机的发动机出了故障，舒克
duì tā de zhí shēng fēi jī tǐng shú xī　hěn kuài jiù xiū hǎo le
对他的直升飞机挺熟悉，很快就修好了。

māo gōng mín men bǎ shū kè de zhí shēng fēi jī hé bèi tǎ
猫公民们把舒克的直升飞机和贝塔

de tǎn kè wéi de shuǐ xiè bù tōng　tā men hěn xǐ huan zhè liǎng wèi
的坦克围得水泄不通。他们很喜欢这两位

yǒu běn shi de fēi xíng yuán hé
有本事的飞行员和

tǎn kè bīng
坦克兵。

shū kè zuān jìn zhí
舒克钻进直

shēng fēi jī de jià shǐ cāng
升飞机的驾驶舱。

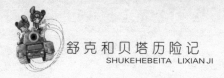
"上来吧？"舒克邀请贝塔。

"你自己去吧，我在下边等你。"贝塔对舒克的直升飞机的安全性表示怀疑。

直升飞机的螺旋桨转起来了。紧接着，直升飞机腾空而起。

猫公民们先是愣了一下，接着一片欢呼。

舒克驾驶着直升飞机在克里斯王国上空作着各种高难度的飞行动作。一会儿空中悬停，一会儿急转弯，一会儿垂直起落……

猫公民们看花了眼，赞叹声连成一片。

贝塔把头伸出炮塔，他不得不承认舒克的飞行技术是第一流的。贝塔想，他的坦克如果和舒克的直升飞机联合起来，就谁也不怕了。

"贝塔！贝塔！我是舒克！你听见了吗？"贝塔的耳机里传来舒克的呼叫声。

"我是贝塔！我是贝塔！"贝塔兴奋极了，望着天上的直升飞机答应着。

"我现在要给他们做一次超低空飞行表演，请你在地面指挥！请你在地面指挥！明白吗？"

"明白！你说话小点儿声，把我耳朵都快震聋了！"

"开始吧？"舒克请示地面。

贝塔看见舒克的直升飞机盘旋了一圈儿，悬停在空中，做好了超低空飞行

de zhǔn bèi
的准备。

kāi shǐ　　　bèi tǎ mìng lìng　　jiàng dī gāo dù
"开始!"贝塔命令,"降低高度!"

shū kè de zhí shēng fēi jī yì biān jiàng dī gāo dù yì biān
舒克的直升飞机一边降低高度一边

cháo māo gōng mín men fēi lái
朝猫公民们飞来。

zài dī xiē　zài dī xiē　　bèi tǎ zhǐ huī zhe
"再低些!再低些!"贝塔指挥着。

míng bai　　shū kè huí dá
"明白!"舒克回答。

zhí shēng fēi jī jī hū shì cā zhe dì miàn fēi guò lái　　xià
直升飞机几乎是擦着地面飞过来,吓

de guān kàn biǎo yǎn de māo gōng mín men dōu pā zài dì shang
得观看表演的猫公民们都趴在地上。

lā qǐ lái diǎn er　　　bèi tǎ quán shén guàn zhù de guān
"拉起来点儿!"贝塔全神贯注地观

kàn zhe zhí shēng fēi jī yǔ dì miàn de jù lí　　tā zhī dào,　zhǐ
看着直升飞机与地面的距离。他知道,只

yào shāo yì shū hu　　jiù huì jī huǐ shǔ wáng
要稍一疏忽,就会机毁鼠亡。

zhí shēng fēi jī cā zhe māo gōng mín men de tóu fēi guò qù
直升飞机擦着猫公民们的头飞过去

le,　luó xuán jiǎng xiān qǐ de qiáng dà de fēng chuī de māo men zhàn
了,螺旋桨掀起的强大的风吹得猫们站

bú zhù jiǎo
不住脚。

kè lǐ sī wáng guó de gōng mín men dà bǎo le yǎn fú　　tā
克里斯王国的公民们大饱了眼福,他
men duì shū kè hé bèi tǎ pèi fú de wǔ tǐ tóu dì
们对舒克和贝塔佩服得五体投地。

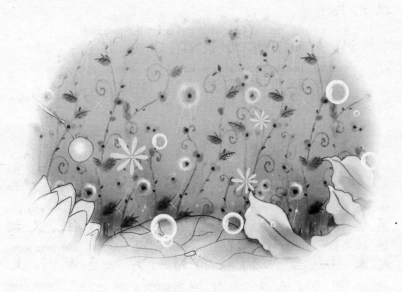

第 12 集

克里斯王国的国王要接见飞行员和
坦克兵；

舒克和贝塔听说国王会放电；

舒克和贝塔见到克里斯国王

舒克驾驶着直升飞机安全着陆了。
猫公民们拥到飞机旁边，把舒克和
贝塔抬起来，抛向空中，然后接住，又抛
起来……当他们被抬到一片绿色草坪上
的时候，迎接他们的是丰盛的宴会。猫公
民们纷纷从自己家里把最好吃的食物拿

来。舒克和贝塔已经饿坏了，他们准备饱
餐一顿。再说，猫宴请老鼠，这意义也不一
般。

　　这时，走来一队猫宪兵。

　　"我们的国王听说你们来了，要接见
你们。"宪兵对舒克和贝塔说。

　　"国王！"贝塔一愣，看着舒克。

　　舒克也觉得国王一定是见多识广的
老猫，他肯定认识老鼠。

　　"我们吃完饭去，行吗？"舒克说，他
想来个缓兵之计，等吃完饭，他和贝塔立
即飞走。

　　"可以，请快点儿吃。"猫宪兵站在远
处等着。

舒克悄悄地把他的计划告诉了贝塔，他动员贝塔把坦克丢掉，跟他一起坐直升飞机先跑，过几天再悄悄回来把坦克吊走。贝塔同意了。

"你们的国王很老吗？"舒克边吃边问猫公民。

"没见过。"坐在舒克身边的一只猫说。

"没见过？"贝塔不信。

所有的猫都摇头。

"国王厉害吗？"舒克问。

一提起国王，猫公民们的脸都吓白了。舒克和贝塔看出，克里斯王国的国王一定很凶。

"国王有法术，会放电。"一只猫小

shēng gào su shū kè
声 告 诉 舒 克 。

huì fàng diàn　　　shū kè dà chī yì jīng
"会 放 电？"舒 克 大 吃 一 惊。

zán men kuài zǒu ba　　bèi tǎ cuī shū kè
"咱 们 快 走 吧！"贝 塔 催 舒 克。

shū kè jué de yīng gāi hé māo gōng mín men dǎ gè zhāo hu
舒 克 觉 得 应 该 和 猫 公 民 们 打 个 招 呼，

bù rán tài bú zhàng yì le
不 然 太 不 仗 义 了。

duō xiè dà jiā　wǒ men zǒu le　　shū kè zhàn qǐ lái
"多 谢 大 家，我 们 走 了。"舒 克 站 起 来

hé māo gōng mín men gào bié
和 猫 公 民 们 告 别。

yì tīng shuō shū kè hé bèi tǎ bú jiàn guó wáng jiù zǒu　māo
一 听 说 舒 克 和 贝 塔 不 见 国 王 就 走，猫

gōng mín men xià huài le
公 民 们 吓 坏 了。

nǐ men yào shi zǒu le　wǒ men kě jiù méi mìng le
"你 们 要 是 走 了，我 们 可 就 没 命 了。"

yì zhī māo shuō
一 只 猫 说。

guó wáng gāi fā pí qì le　　lìng yì zhī māo yì biān
"国 王 该 发 脾 气 了！"另 一 只 猫 一 边

dǎ duō suo yì biān shuō
打 哆 嗦 一 边 说。

shū kè hé bèi tǎ lèng zhù le
舒 克 和 贝 塔 愣 住 了。

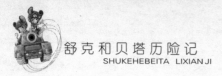

hái zǒu ma   shū kè wèn bèi tǎ
"还走吗？"舒克问贝塔。

bèi tǎ sǒng song jiān bǎng   zuò xià le
贝塔耸耸肩膀，坐下了。

shū kè yě zuò
舒克也坐

xià le
下了。

mǎo gōng mín men
猫公民们

gǎn jī de kàn zhe shū
感激地看着舒

kè hé bèi tǎ
克和贝塔。

舒克和贝塔小声商量了一会儿，决定开着坦克和飞机去王宫，见机行事。

贝塔钻进坦克，在猫宪兵的指引下，向王宫驶去。舒克的直升飞机在空中跟着。

克里斯王国的王宫很漂亮，是大理石建筑。王宫前面有一座广场。

贝塔的坦克停在王宫门前的台阶下边。舒克的直升飞机在坦克旁着陆。

舒克和贝塔跟着猫宪兵走进王宫。他俩数着，一共经过了37道岗！

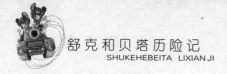

"跑不成了。"舒克小声说。

"这个国王一定是坏蛋!"贝塔说。

"怎么?"

"设这么多岗,怕别人看见他干坏事!"

"就是,岗越多,干得坏事越多,越心虚。"舒克同意。

总算来到了一座大殿门口,宪兵示意舒克和贝塔等一会儿。

国王宣召舒克和贝塔进殿。

舒克和贝塔硬着头皮走进去,他俩看见国王后大吃一惊——国王是一只老鼠!一只白老鼠!!

猫国的国王是老鼠!!!

舒克和贝塔高兴了。

第 13 集

克里斯王国国王的来历；

国王设宴招待舒克和贝塔；

舒克和贝塔拒绝吃猫肉

一年以前，一只名叫白路的供医学试验用的小白鼠，当医务人员在他的身上移植了老虎胆和人工心脏后，他利用医务人员的疏忽，逃出了医院。

可想而知，这只装着老虎胆和人工心脏的小白鼠来到外界后，围绕着他，一定会发生一系列极为有趣的事件。

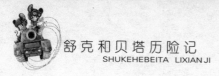

xià mian shì tā chū táo hòu de zāo yù
下面是他出逃后的遭遇。

bái lù shǒu xiān yù dào yì zhī dà māo
白路首先遇到一只大猫。

zhè me gān jìng de bái lǎo shǔ　　dà māo hái shi tóu yí cì
这么干净的白老鼠，大猫还是头一次

jiàn dào　　tā zā za zuǐ　chǎo bái lù bī guò lái
见到。他咂咂嘴，朝白路逼过来。

nǐ bú pà wǒ diàn sǐ nǐ　　bái lù shuō　tā yuán dì
"你不怕我电死你？"白路说，他原地

bú dòng　xiàng méi shì er yí yàng
不动，像没事儿一样。

diàn　　　dà māo zhàn zhù le　　tā pà diàn
"电？"大猫站住了。他怕电。

bái lù àn le yí xià xiōng pú　　rén gōng xīn zàng shang de
白路按了一下胸脯，人工心脏上的

hóng dēng yì shǎn yì shǎn de liàng qǐ lái
红灯一闪一闪地亮起来。

122

dà māo bèi xià zhù le　　zhè xiǎo zi shēn shang hái zhēn yǒu
大猫被吓住了，"这小子身上还真有

diàn
电！"

zěn me yàng　　xiǎng cháng chang diàn de zī wèi er ma
"怎么样，想尝尝电的滋味儿吗？"

bái lù cháo dà māo zǒu guò qù
白路朝大猫走过去。

dà māo lián lián dào tuì zhe
大猫连连倒退着。

"不，不，哪儿的事呀！"大猫扭头就跑。

"站住！再跑我就放电啦！"白路吓唬他。

大猫站住了。

"跟我走。"白路说完转身就走，连头也不回。

大猫断定白路身后有电眼，只好老老实实地在后边跟着。

从此，白路就把这一带的猫都镇住了。猫们每天向他进贡食物。他们都怕电——因为他们不知道电是什么东西，只听说厉害。

一天，白路听说几十里外有一个克里

斯王国，王国里有几千只猫，于是，他决定去克里斯王国当国王，享享福。

白路轻而易举地就把克里斯王国的国王赶下了台。一是因为克里斯王国的猫公民从来没有见过老鼠；二是因为他们也怕电，怕得要命。

白路当上了克里斯王国的国王，只有少数几个大臣可以见到他。白路命令王国的公民们为他修建了豪华的宫殿，猫公民们都怕国王放电，只好老老实实地侍候国王，又怕又恨。

其实，只要有一只猫公民稍微试一下，就能知道国王身上只不过装着一节电池，根本没有杀伤力。可是，谁也不

gǎn shì　　　ér qiě yuè chuán yuè shén　　yuè shén yuè pà　　yuè pà yuè
敢试，而且越传越神，越神越怕，越怕越

lǎo shi
老实。

　　zài shuō shū kè hé bèi tǎ　　dāng tā men fā xiàn kè lǐ sī
　　再说舒克和贝塔。当他们发现克里斯

wáng guó de guó wáng shì tā men de tóng bāo hòu　　fàng xīn le　　tā
王国的国王是他们的同胞后，放心了，他

men jué de bú huì yǒu wēi xiǎn le
们觉得不会有危险了。

　　bái lù guó wáng wàn wàn méi yǒu xiǎng dào zhào jiàn de fēi xíng
　　白路国王万万没有想到召见的飞行

yuán hé tǎn kè bīng shì liǎng zhī lǎo shǔ　　　tā de tóng bāo　　bái
员和坦克兵是两只老鼠——他的同胞！白

lù guó wáng xīn li yì jīng　　tā pà shū kè hé bèi tǎ bǎ tā de
路国王心里一惊，他怕舒克和贝塔把他的

dǐ xì　　　yì zhī lǎo shǔ xiè lù chū qù　　zài shuō　　kàn dào
底细——一只老鼠泄露出去。再说，看到

liǎng zhī lǎo shǔ chuān zhe fēi xíng fú hé tǎn kè zhuāng　　tā xīn li
两只老鼠穿着飞行服和坦克装，他心里

yě yǒu diǎn er fā chàn
也有点儿发颤。

　　guó wáng yǎn zhū yí zhuàn　　xiǎng chū jì cè　　tā yào hài sǐ
　　国王眼珠一转，想出计策，他要害死

shū kè hé bèi tǎ
舒克和贝塔。

　　guó wáng hè tuì le dà chén men　　dà diàn li zhǐ shèng xià
　　国王喝退了大臣们。大殿里只剩下

他、舒克和贝塔。

"你怎么能当上猫国的国王?"舒克亲热地问。在猫国里碰见老鼠国王,他感到很开心,一点儿戒心也没有了。

"一下还说不清。"国王也亲热地说,"你们怎么当上飞行员和坦克兵的?"

舒克和贝塔把经过告诉国王。

"真是咱们老鼠家族的英雄。"国王竖起大拇指,"我宴请你们。"

"我们刚刚吃过饭。"舒克说。

"那也得吃。"国王说。

盛情难却,舒克和贝塔只得从命。

国王命令侍从去准备宴席,他悄悄吩咐部下在舒克和贝塔的碗里下毒药。

舒克和贝塔很感激国王，他们觉得老鼠当国王一定比猫心地善良——老鼠受的苦太多了。

在国王的陪同下，舒克和贝塔来到宴会大厅。高大宽阔的宴会厅到处是鲜花，宽大的餐桌上摆满了丰盛的饭菜。舒克和贝塔眼睛都看花了。

"请入席。"国王说。

舒克和贝塔挨着国王坐下。

"这是红烧猫肉。这是清炖猫肉。这是炒猫肝儿。"国王给客人介绍着。

正准备进餐的舒克和贝塔停住了，怎么？这一桌子都是猫肉？国王吃自己臣民的肉？

128

"吃呀！"国王急了,他怕舒克和贝塔

不吃,饭菜里有毒药。

"你天天吃猫肉？"舒克问。

"是的。猫肉很好吃,别客气,快吃！"

国王催促道。

舒克和贝塔想起了猫公民们害怕国

王的情景。他们万万没想到,老鼠当了

国王,比猫更残忍。

"你怎么能吃猫肉呢？"贝塔火了。生

来怕猫恨猫的贝塔,居然替猫说话了。

"猫怎么能吃老鼠肉呢？"国王反问。

"这……"舒克和贝塔答不上来,反

正他们觉得国王吃自己的臣民不对。

看见舒克和贝塔不吃,国王急了。

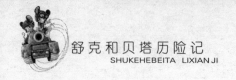

第 14 集

舒克和贝塔大战克里斯国王；

猫公民们要吃自己的国王；

舒克和贝塔带着白路离开王国

"你们吃不吃？"国王拉下脸。

舒克和贝塔摇摇头。

"我放电了？你们不怕电？"国王按了一下胸脯。人工心脏上的红灯一闪一闪地亮了。

舒克和贝塔互相看了一眼，笑了。原来这就是国王身上的电！舒克和贝塔的飞机坦克上都装着电池，他们懂得电，所以不怕电。

国王见舒克和贝塔不怕他身上的电，有点儿慌。他站起来，走近舒克和贝塔。

"我放电了？"国王拿出放电的架势。

"放吧，我身上正需要电呢！"舒克张开双臂。

国王傻眼了。其实他根本放不出电。

"来人呀！"国王大声喊叫起来。

几只猫宪兵跑进来。

"把他俩抓起来！他们是老鼠！猫应该吃老鼠！"国王一急，忘了自己也是老鼠了。

真^{zhēn}没^{méi}想^{xiǎng}到^{dào}，老^{lǎo}鼠^{shǔ}当^{dāng}了^{le}国^{guó}王^{wáng}，对^{duì}自^{zì}己^{jǐ}的^{de}

同^{tóng}胞^{bāo}比^{bǐ}猫^{māo}还^{hái}凶^{xiōng}！舒^{shū}克^{kè}和^{hé}贝^{bèi}塔^{tǎ}同^{tóng}时^{shí}朝^{cháo}国^{guó}王^{wáng}

扑^{pū}过^{guò}去^{qù}。

舒^{shū}克^{kè}一^{yì}拳^{quán}将^{jiāng}国^{guó}王^{wáng}打^{dǎ}倒^{dǎo}，贝^{bèi}塔^{tǎ}用^{yòng}最^{zuì}快^{kuài}

的^{de}速^{sù}度^{dù}打^{dǎ}开^{kāi}国^{guó}王^{wáng}的^{de}人^{rén}工^{gōng}心^{xīn}脏^{zàng}，取^{qǔ}出^{chū}了^{le}心^{xīn}

脏^{zàng}里^{li}的^{de}电^{diàn}池^{chí}。国^{guó}王^{wáng}躺^{tǎng}在^{zài}地^{dì}上^{shang}不^{bú}动^{dòng}了^{le}。

猫^{māo}宪^{xiàn}兵^{bīng}早^{zǎo}就^{jiù}恨^{hèn}国^{guó}王^{wáng}了^{le}，国^{guó}王^{wáng}吃^{chī}了^{le}他^{tā}

men bù shǎo qīn qi péng you　　kàn jiàn guó wáng tǎng zài dì shang bú
们不少亲戚朋友。看见国王躺在地上不

dòng le　　māo xiàn bīng men huān hū zhe pǎo chū wáng gōng　　bǎ xǐ
动了，猫宪兵们欢呼着跑出王宫，把喜

xùn gào su quán tǐ gōng mín men
讯告诉全体公民们。

　　zhuǎn yǎn jiān　　māo gōng mín men cháo shuǐ bān de yǒng jìn wáng
　　转眼间，猫公民们潮水般地涌进王

gōng　　tā men yào chī diào guó wáng
宫。他们要吃掉国王。

　　shū kè hé bèi tǎ bú gàn le　　tā men yì tīng shuō māo chī
　　舒克和贝塔不干了。他们一听说猫吃

lǎo shǔ jiù huǒ mào sān zhàng
老鼠就火冒三丈。

　　māo gōng mín men cái bù guǎn shū kè hé bèi tǎ de quàn zǔ
　　猫公民们才不管舒克和贝塔的劝阻

ne　　tā men jiào mà zhe chōng shàng qián lái
呢，他们叫骂着冲上前来。

　　kuài bǎ diàn chí zhuāng shàng　　　　shū kè jí zhōng shēng
　　"快把电池装上！"舒克急中生

zhì
智。

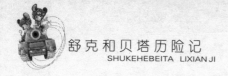

贝塔忙把电池装进国王的人工心脏里。

国王站起来。猫公民们吓得连连后退,纷纷跪在地上磕头。

舒克和贝塔笑得前仰后合。他们明白了,白老鼠之所以能在克里斯王国称王称霸,责任不在白老鼠,而在猫公民。

舒克和贝塔动员猫公民们先离开王宫,由他俩治服国王。猫公民们退出去了。

国王老老实实地把他的来历告诉给舒克和贝塔。舒克和贝塔为难了:把白老鼠留下吧,他会继续欺负猫公民们;把他身上的电池取出来吧,猫公民们又要吃他。

看来，只有把白老鼠带走。带到一个人人懂电而又没有猫的地方去，他才会老老实实地生活。

"把他送到发电厂去。那儿人人懂电，听说也没有猫。"舒克提议。

贝塔同意了。

白路不敢反对。

舒克和贝塔走出王宫，向克里斯王国的猫公民们宣布，白路国王辞职了，由他们把国王带走。

猫公民们高兴得跳起了舞。看见自己下台后臣民这么高兴，白路心里挺不是滋味儿。

舒克和贝塔开始检查直升飞机和坦

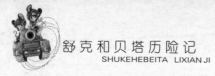
克。为了方便,舒克和贝塔在坦克上安
装了一个铁环,在直升飞机下边安装
了一个铁钩子。这样,直升飞机吊起坦克
就能起飞。

一切准备工作完成了。猫公民们送
给舒克和贝塔好多食物,几乎把直升飞机
和坦克都塞满了。

白路和舒克登上了直升飞机。

贝塔钻进坦克。

直升飞机起飞了,它悬停在坦克上
空,用钩子钩住了坦克。

"准备好了吗?"舒克通过无线电问贝
塔。

"准备好了!"贝塔回答。

shū kè yì lā cāo zòng gān　zhí shēng fēi jī xiàng tiān shàng
舒克一拉操纵杆，直升飞机向天上

fēi qù　tǎn kè gēn zhe bá dì ér qǐ
飞去，坦克跟着拔地而起。

māo gōng mín men xiàng shū kè hé bèi tǎ zhāo shǒu　bái lù
猫公民们向舒克和贝塔招手，白路

zài fēi jī li tǐng cán kuì
在飞机里挺惭愧。

kè lǐ sī wáng guó de chéng bǎo yuè lái yuè xiǎo le
克里斯王国的城堡越来越小了。

137

图书在版编目(CIP)数据

舒克和贝塔历险记/郑渊洁著.
-南昌:二十一世纪出版社,2006.6
(郑渊洁经典童话:注音版)
ISBN 7-5391-3417-8

Ⅰ.舒... Ⅱ.郑... Ⅲ.汉语拼音-儿童读物 Ⅳ.H125.4

中国版本图书馆CIP数据核字(2006)第041678号

舒克和贝塔历险记 / 郑渊洁 著

责任编辑	邱建国
美术编辑	李 峻
出版发行	二十一世纪出版社
	(江西省南昌市子安路 75 号　330009)
	www.21cccc.com　cc21@163.net
出 版 人	张秋林
经　销	新华书店
印　刷	江西青年报社印刷厂
版　次	2006年6月第1版
印　次	2006年9月第4次印刷
开　本	787mm×1188mm　1/32
印　张	4.5
插　图	33幅
书　号	ISBN 7-5391-3417-8/I·874
定　价	8.80元

如发现印装质量问题,请寄本社图书发行公司调换,服务热线:0791-6524997